The Portal to Cosmic Consciousness

外太空來的愛

與36億光年外的布拉荷西卡星人對話

from DEEP SPACE with LOVE

《地球人生》作者 麥克・杜利（Mike Dooley）
& 翠西・法夸爾（Tracy Farquhar）／合著
張志華 、丁凡／譯

"從我們無限的靈魂面向，我們能看到在你們星球上發生的許多歷史事件。正因為
我們瞭解你們星球的演進，我們想在這方面協助，對你們現在正前往的方向表達
看法，並告訴你們可以做些什麼來改善既有的行進路線。" ——布拉荷西卡星人

一本關於意識、宇宙及如何建構更好的世界的書

對本書的讚譽

「《外太空來的愛》真的很讚！我太喜歡了。」

——莎莉・麥克琳（Shirley MacLaine），奧斯卡影后、美知名作家、《聖雅各之路》作者、人生探索者

「《外太空來的愛》提供了深刻、獨特的洞見，可以一次一個人地改善這個世界。」

——詹姆斯・范普拉（James Van Praagh），《指導靈的智慧》作者、心靈導師與靈媒

「如果你曾這麼想過，『要是我早點知道現在知道的事，整個人生都會更平和、更令人滿意』，那麼，你一定要讀讀這本智慧之書，一本寫給人類的情書，這是外太空的睿智

長者透過靈媒對我們說的話；不但非常吸引人，而且極為務實。這群相當進化，合稱『弗蘭克』的生命體，慷慨地分享他們所領悟的智慧。他們曾面對並克服了與地球類似的挑戰。無庸置疑，這本適合大眾閱讀的書來得正是時候，它將為我們的地球和每一個人帶來更多的平靜與和平。我一讀就欲罷不能。」

——桑妮亞．喬凱特（Sonia Choquette），紐約時報暢銷書《Your 3 Best Super Powers》作者

「能跟住在三十六億光年外的智慧生物交流可不是常有的事。更稀奇的是，我覺得他們的許多想法和我不謀而合，像是：玩耍是我們最好的自我表達、拓展界限和挑戰陳腐體制是偉大的召喚、想像力是我們最強大的超能力。他們也選擇了我很喜歡的人來傳遞這些改變生命的訊息。麥克，謝謝你身為生活大師、自由思想家和無政府主義者（借用他們的話），因為你開放的心靈，才能把這些非常重要的教導帶給我們。」

——潘．葛奧特（Pam Grout），國際知名作家

園丁的話

這本書斷斷續續地調頻了一段時間，
終於到達可以出版的狀態。

簡而言之，本書是來自光年之外的星球啟示，
一個類地球文明的星球提供給地球人參考的文明發展路線。

去年一整年至今，
台灣政治的紛亂，媒體和人性的墮落，
在在令人灰心。

然而，很奇妙地，
宇宙花園的每一本書，
都會在不同的時期帶來我所需的提醒、支持或安慰，
這本也不例外。

綜觀當今地球局面，
我相信這本《外太空來的愛》，
也會帶給相近頻率的讀者所需的資訊和力量。

讓我們好好打造一個充滿愛與良善的光地球。

目錄

獻給宇宙，以其所有的美好形式

作者序

三十五年前，母親告訴我，她剛讀了一本令她很震撼的書，內容在解釋實相（亦即現實世界）。那本書是一位靈媒通靈時，由她的丈夫聽寫所記錄下來的文字。我跟母親說，那個作者可能「瘋了」。我向來對「異乎尋常」的事物感興趣，但當時的我正在修會計學位，對於這麼離奇和「沒有科學根據」的事可沒興趣。母親一直鼓勵我讀那本珍・羅伯茲（Jane Roberts）的《靈魂永生》（*Seth Speaks*）。她要我根據內容作判斷，而不是基於資訊的來處。

我讀了。媽媽說得對。我的人生再也不同。

假如你還不知道的話，通靈是稍微改變自己的意識焦點，允許另一個生命的靈魂能量，或是你的高我，透過你溝通的一種能力。有許多暢銷書作者聲稱他們的著作是透過通靈而來，例如亞伯拉罕（Abraham）經由埃斯特・希克斯（Esther Hicks）寫的書；理查・巴哈（Richard Bach）通靈所寫的《天地一沙鷗》（*Jonathan Livingston Seagull*）；以及其他許許多多的書。有意思的是，很多宗教信徒也認為他們的聖典（包括基督教的聖經），並非福音書上的具名作者所寫，而是上帝或天使的話語透過那些使徒傳訊。由此可見通靈是自古即有的事。

而現在，親愛的讀者，我有一個可能會讓你驚呆了的事。它的來源非常聳動，甚至比我母親曾與我分享的賽斯更令人震驚。

我要向大家介紹「弗蘭克」——八位外星生命的集合體，來自三十六億光年外的星球。為了讓大家有個概念，許多科學家認為宇宙的範圍大約有一千五百六十億光年。

弗蘭克是透過我的靈媒朋友，翠西・法夸爾（Tracy Farquhar）與地球人溝通。「他們」不像賽斯或亞伯拉罕是來自靈界（我用「他們」是因為弗蘭克不是一位，而是多位生物的集合體）。這群集合體是來自**實體界**的另一個星球，而且是來自**現在**。你們將會看到他們的世界完全不像我們的世界，他們在各方面都比我們進化許多。他們的星球在千年前幾乎被自己所毀，但終究存活了下來，因此才能對我們講述他們的故事。

翠西是一位專職靈媒，也是教導心靈力開發的老師。二○○五年，翠西在社區大學修習發展心靈力的課程，開始發掘自己的潛能。隨著發展和運用心靈的能力，她變得越來越敏銳。

二〇〇九年十二月，翠西和她妹妹接收到自稱為「弗蘭克」的集體生命的訊息：「我們是一群來自麥斯龍尼克斯銀河（Macelonix galaxy）的旅行者，距離地球三十六億光年。我們發展出心靈傳送的方法造訪別的世界。我們的能量就像從一個點到另一個點的波或粒子。透過控制我們的思想並且冥想，我們能夠移動我們的能量到其他次元。」

二〇一四年，翠西出版了《弗蘭克的話：通靈智慧之書》（*Frank Talk: A Book of Channeled Wisdom*）。內容令人眼界大開之際，也帶出更多問題。自那時起，我很幸運地能向弗蘭克提出由此衍生的疑問。他們的答案形成了你手上的這本書。在一開始，我只是單純地希望能從這些來自遠方，而且顯然具有智慧的生物身上獲得儘可能多的資訊。但現在看來，我的問題和他們的答案形成了知識和對照的基礎，而從這些問答當中，每位讀者都可以開始想像要**如何在地球打造一個更好的世界**。

現在，請先不要急著排斥這一切。我會提出三個問題，我敢打賭，你的答案會說服你繼續閱讀。如果我輸了，你不用繼續。但如果我贏了，你就試試讀完這本書。

好嗎？

1. 你是否相信，我們的心智比我們目前所瞭解的更有力量？我們可能有尚未開發的心智能力，例如超越感官的認知能力，像是心靈感應、千里眼等等超自然能力？

你當然相信。你自己就有過超自然經驗，不是嗎？例如接起電話前，就知道是誰打來的。你有過超準的直覺，而且你的夢境偶爾也會提供洞見。

2. 你是否相信其他星球可能有生命存在？

你當然相信。宇宙有許多星系，我們的銀河系裡就有二兆到三兆個星球（這是幾位天才科學家的估計，但我們還無法知道真實數字），地球只是其中一個而已。而且光是地球，就有數以百萬計的不同物種。如果我們認為銀河系裡只有地球有生物，實在是過於天真（這還是禮貌性的說法）。我們要想想，宇宙有一千億到三千億個星系，這表示宇宙很可能有二點五兆乘以一千億的星球！

在統計上來說，如果你玩六個數字的樂透，中獎機率是一千四百萬之一。那麼如果你幫宇宙裡的每個星球玩一次，中獎機率會有 178,571,439,000,000 次（超過十萬兆）！

也就是說，理論上而言，如果每一千四百萬個星球才有一個星球有生物的話（這是跟中樂透來做比較，因為你也知道要中樂透有多難），那麼你會在宇宙裡的 178,571,439,000,000,000 個星球上發現生物。

更何況，一直有目擊者、照片、影片和神秘的古老遺跡強烈顯示，我們並不孤單……所以啊，你當然相信其他星球可能有生命存在。

3.最後，你是否相信「外太空」的某些生命可能已經發展出遠比我們更高等的智慧？

你非得相信不可。我的意思是，如果他們能夠以太空船來到地球，他們一定擁有我們無法想像的科技。在其他的創造發展上，他們自然也會比我們高等。如果有人認為我們是 178,571,439,000,000,000 個星球裡最高等的生物，這樣的智力真的值得懷疑。這也正好證明了我們不是最有智慧的生物。

同意嗎？

同意的話，你就已經準備好去探索一個你未曾去過的地方。請思考一下這個前題：有些外星生物已經發展出某種心智能力，可以星體投射到太空中的遙遠地方，他們不只是要

發現我們（和其他星球上的生物），還要主動與發現的生物接觸。

是的，確實是有外星人想讓我們知道他們的存在，並渴望與我們分享他們的經驗與文化，為的是服務和協助我們。假使我們在地球的偏遠角落發現一個很想學習的原始部落，他們對現代世界毫無瞭解，**我們也會**做同樣的事。不是嗎？

當然，部落裡一定有些人會否認我們存在。而有些人即使相信，也可能會不高興，因為他們不想被「干擾」，寧可一切如故地生活。同樣的，我確信有些讀者即使對剛才三個問題的回答都是肯定的，還是會對書裡的訊息感到不自在或生氣，不想有任何這類「干擾」，寧可生活照舊，不要有改變。沒關係。好的。

然而，對回答了三個「是」，而且仍在閱讀本書的你來說，你知道弗蘭克的存在不但可能，而且是非常可能，極度可能。此外，我相信上述已被弗蘭克證實的前題，讓這本書更加真實可信。換言之，本書內容的來源固然聳人聽聞，甚至令人震驚，但弗蘭克的訊息本身並不嚇人。他們不是像科幻影片和小說裡寫的，或如史蒂芬·霍金（Stephen Hawking）所說，是來尋找稀有礦物，採集我們的ＤＮＡ，或是來吃我們的肉的生物。弗蘭克的目的是與我們分享跟**合作**、**社群**、**創造力**、**想像力**、**愛**和**自我提升**有關的經驗。這些外星人是我們的前輩。事實上，高度發展的外星人很可能一直都是仁慈的，只是我們的電影不是那樣演。善意，在我認為，是真正高度發展的標誌。畢竟，任何在情緒和智性已經耐心發展到足以進行星際旅行的生物——而且優雅有禮（無論是否以身體形式出現）——一定已經進化到地球上從未有過的高度自律與成熟。

至於那些認為我和翠西是在騙錢的人，你不覺得如果我們說他們是在打我們的礦物、DNA或肉身主意的話，書會賣得更好嗎？然而，我們的目的是要傳達弗蘭克的洞見，不是快速致富。並不是說我們拒絕財富，而是我們的重點是傳遞來自布拉荷西卡星球的愛與智慧。我認為他們在本書分享的關於意識本質的每一句話都是真實的，而且是有**品質**、**深度**與**睿智**的。有些內容我個人已經知道是真的，然而，對那些會質疑是騙局的人來說，許多資訊是陌生的。外星生物和人類騙子不會要捏造這些內容，這些弗蘭克隨機與我分享的東西也不是他們能即興虛構或編造出來的。

弗蘭克說，他們來「這裡」執行「人道任務」；現在的地球能量正在明顯改變，他們為想要對實相有更深層瞭解的人提出真相並幫助理解。弗蘭克並不是具體現身於地球，但翠西可以隨時召喚他們的意識能量。她就像所有的通靈管道，她發展出的意識能力可以讓能量調諧的「家人」找到她。弗蘭克是她的家人，他們來這裡協助我們，不論是在個人還

是集體層面。就如他們所說的：

從我們無限的靈魂面向，我們能看到在你們星球上發生的許多歷史事件。正因為我們瞭解你們星球的演進，我們想在這方面協助，對你們現在正前往的方向表達看法，並告訴你們可以做些什麼來改善既有的行進路線。

有人問，翠西怎麼能夠隨時聯絡到弗蘭克？如果弗蘭克在睡覺、洗澡，或是在院子裡剪草呢？

弗蘭克解釋，他們跟我們一樣是多次元的生物，但由於他們的意識能力已經完全發展，他們在自己星球生活的同時，也能同時用部分的合併意識與翠西溝通。以下是翠西記錄她如何通靈弗蘭克的部分內容：

通靈弗蘭克的最適當描述就是刻意的放鬆。最好是在一天裡最安靜，干擾和噪音聲響都最少的時候，因此很多時候我都是在晚上要睡覺前進行。我會用深沈呼吸法先讓自己放鬆，然後透過意圖，允許弗蘭克有進入的空間。當發生時，我就像是「站到一旁」地到了左邊，而弗蘭克的能量從右邊進來。如果是透過書寫，那個感覺很輕柔微妙。如果是口語通靈，能量轉變的感覺就會比較強烈。

在這樣的放鬆狀態下，我會先說出要問的問題，然後閉上眼睛，手放在筆電的鍵盤上。接著我的腦中會出現話語，像是在對我口述，而我就只是照著打出來，就像聽寫一樣。

一次能通靈多久要看我當時累不累和我的心情。通常在寫了幾段之後，我會停下來，很快地校訂打字和拼寫上的錯誤與用詞，但很少會調整冗言贅字。

有一次在通靈時，一位觀眾問弗蘭克，他們是否能用英語之外的語言傳訊。答案很有趣。他們說，他們是透過頻率溝通，不是語言。這表示他們是用能量的頻率與我溝通，而我的大腦會自動翻譯為我的母語，也就是英語。如果他們是透過母語為其他語言的靈媒溝通，訊息就會以那個靈媒的語言記錄下來。這也意味著他們的訊息會受限於我的字彙和用語。就像弗蘭克用男性的「他」的時候，譬如，談到源頭或上帝，這主要是因為我對他們頻率的詮釋，而非他們的能量這麼表達。至於其他的用字，譬如弗蘭克提到他們星球的人時，「人」或「人們」只是一個代表他們所說的一群生命體的翻譯，而不必然是指一群人類。

我鼓勵大家一點一點地吸收書裡的新想法——不要接受任何無法與你的邏輯和直覺共鳴的訊息——而當你準備好了，你的心智將擴展到你不曾知曉的領域。準備感到震驚吧。

麥克・杜利

弗蘭克的前言

我們是八位來自距離地球三十六億光年，我們稱為麥斯龍尼克斯星系，也就是你們的赫伯望遠鏡拍到並標示為 MACS J0416.1-2403 星系團的星際生命體。我們已經發展出一套思想傳遞的方法，能夠分離目前運作中的部分心靈，透過太空裡你們所稱的蟲洞的能量投射出去，並透過這位靈媒翠西溝通。你們的意識正在發生巨大的轉變，我們的意圖是在此時協助你們使用這個能量上的轉變來創造改變，推動你們的世界進入一個新時代。

我們在這裡的存在經驗跟你們在地球的經驗非常不同，我們的肉體面向和你們不一樣，但我們的靈魂是一樣的，我們正學習的情緒和靈性課題也是一樣。我們有很多很多的愛，就如你們，而愛就是我們存在的核心。這個愛驅使我們想幫助宇宙裡所有努力想要理解**愛**、**和平**、**接納**和**純粹意識**概念的生命。

我們並非一直都是如此。我們是花了很久很久才達到這個慈悲和接納一切的狀態。我們覺得，透過我們的世界幾乎被毀滅的過往，以及因此所激發的改變而獲得的智慧，不只拯救了我們的世界，同時也創造了大規模加速的心靈成長、科學發展和慈悲的生活，這些智慧對於那些願意敞開心傾聽的人會很有價值。

我們對地球人類有很強的親切感和愛，我們認為我們分享的歷史與智慧，可以讓願意傾聽的人從中獲得啟發去轉變他們的意識。我們了解，有些人難以接受我們存在的真相，但我們希望，即使是不願意相信我們存在的人，也能從我們的話裡得到啟發。

我們很高興能透過麥克·杜利，你們當代偉大的心靈導師之一，與大家聯繫。在你們現今的世界，不是很多人能以他那樣的方式傳遞普世真理，並使讀者改變了對自己和世界的原有觀點。我們看到麥克的許多讀者在人生中得到很棒的回報，在他們身邊的人也感受到能量的變化。我們非常希望與麥克的合作，能夠協助那些對改變持開放態度的人改變觀點，對於那些還沒完全意識到自己力量的人，則是挑戰他們的思考。我們從自身的經驗得知，**只有當自己願意改變長期以來的看法時，偉大的改變才會發生**。

在我們的星球，我們發現，隨著我們自己的進化和轉變，無論是在個人或集體層面，我們都需要對**力量**和**責任**有更多瞭解，以便創造出我們渴望的世界。我們了解到，**要創造**

出一個眾所渴望的世界，並非取決於權威人士，不是憑靠政府機構，不是決定於具有無限力量的源頭，而是**在於我們每一個人認知到自己的神性並依其行事**。這本書便是要協助你們認識並運用這個神性力量，創造出內在的平靜和展現於外的力量。而作為集體能量，你們也能朝向一個更平衡與和平的星球轉變。

在你們今天的世界，有很多導師正在促進這個令人振奮的轉變，他們在做的是神聖的工作。無論他們來自哪裡或用哪種方法，這些工作往往會遇到抗拒，但隨著大眾漸漸接受自己有創造的能力，不再需要倚賴看不見的力量，人們意識到創造是他們與生俱來的權利。雖然有些人不會明白；隨他們去。有些人會嘲弄羞辱；不要浪費你的能量去理會或反擊。有些人就是無法聽到真理的聲音。沒關係，讓他們去吧。

我們希望這本書的讀者最終能更清楚地看到狹隘思維的限制，並且擴展視野，接納那些挑戰現況和揭露宇宙無限本質的信念。雖然有些人可能很難接受這些訊息的來源，但我們希望他們去感受內心，體驗我們所說的是否與他們的內在真理和最高智慧有所共鳴。

如果你們的內心感受到真理，這個真理來自何處真有那麼重要嗎？我們是相互連結的，我們在你們身邊，我們帶著最高頻率的愛和慈悲而來。我們相信，願意敞開心胸接受訊息的人，必定會感受到我們的愛與慈悲。

請傾聽並感受你內心的共鳴，如果你不覺得這本書與你的靈魂頻率和諧，我們以愛祝福你繼續人生旅程。

如果頻率讓你覺得和諧舒服，我們邀請你更深入地來探索這個頻率。

我們的訊息包含了得自經驗的智慧，以及對人性本質的信心；我們知道人類有力量和潛力達到並超越我們的成就。我們帶來的訊息和回答的問題都有著同樣目的：如果你想愛上自己、愛上你的生活、愛上人類同伴而不想犧牲或隱藏你的性格；如果你想保留自我和它多樣的情緒與弱點；如果你想允許自己不完美，允許自己有時失敗、有時掙扎，即使失敗也不絕望，如果你選擇探索內心的寶藏（這本書會協助你），那麼在挖掘寶藏的同時，你也會得到啟發去擁抱所有的不完美，並朝向你從未體驗過的心靈豐足前進。

我們是光的大使，我們為你們的福祉而來，於此同時，我們也在履行天命，實現自己的命運——傳播我們透過許多嘗試、克服了許多挑戰後所獲的心靈智慧。

我們以謙卑僕人的身分前來，我們對你們全體、對你們的星球，以及星球上的各種生物都懷抱著愛與慈悲。地球是一個不可思議的地方，我們希望啟發大家去保護、提升和改善你們的星球。偉大的改變不但可能，而且是非常可能。我們希望你們能夠瞭解自己具有的偉大力量，並且使用這個力量去促成正面的改變。

第一部分

在布拉荷西卡星球的生活

我在這一部分的提問目的是讓大家對弗蘭克家鄉星球的故事有所了解，包括他們星球幾近毀滅的破壞、接著的重振理想國，以及一路上遇到的挑戰。我不認為我們人類正處於自我毀滅的邊緣，我的猜測會是在千年後，但這樣的樂觀主義卻可能過於天真。

你們跟我們像嗎？

我們稱我們的星球為布拉荷西卡（Bra-HOSH-ka）。由於在生理結構上，我們說話的方式和你們非常不同，你們無法發出我們語言的大部分發音。我們的星球大約是地球的兩倍大，但有很多地區無法居住，能住的地方有限。這是因為我們的星球臨近兩個恆星，這兩個發光的星體使我們的地表極度炎熱和乾燥，許多地方寸草不生，光禿禿一片。

我們的住處主要是在地下，這樣當恆星離星球最近時，我們才能避開炎熱與光照，不受到傷害。當情況許可，我們會回到地表進行儀式，享受熱能與光。我們在地下的住處很美，住所的建造呈現多樣的才華與美感，住處裝飾著代表我們世界的特定藝術，這些藝術讓我們覺得空間充滿愛而且舒適。

我們星球上的陽光非常明亮，提供光源的恆星離我們的距離比你們的太陽跟你們的星球還要近，因此我們的白天非常亮，很難解釋這樣的亮度。這個光被認為是神性的，當非常強烈時，就像是神聖的洗禮。許多人覺得這個光很美。由於這種持續的熱與光，我們的物理實相跟你們地球並不一樣。

雖然我們沒有類似你們的宗教組織，但我們崇敬光的神性本質，就像你們有些人崇敬上帝一樣。對我們來說，所有生命都是宇宙神性本質的證明，創造萬物的神聖力量帶給我們極大的愛與安慰。

由於星球軌道的運行，我們有一段時間是在黑暗裡，但這個黑暗和你們黑暗的頻度並不一樣。我們在黑暗時會有代表帶來光明的盛大慶典。這些慶典榮耀我們在最黑暗的時候把光帶進生活的能力，這是我們榮耀內在最高創造力的方式。這些黑暗時期一直被視為神聖的時期，我們享受缺少光線的日子，而在看似的漆黑空無中創造光亮的能力也帶給我們許多喜悅。

我們大部分的食物生長在加上覆蓋的地區，也有些作物長在地面下。我們跟你們一樣，也從地下水源取水。我們發現許多地下湖，就像你們星球上的大片水域，它們也有潮汐流動。我們的地表沒有像你們的海洋那麼大的水域，偶爾會出現小池塘和湖泊，不過很快便會乾涸。我們從不缺水，宇宙總是會提供我們所需。

你們對食物的經驗跟我們不同，我們是只吃植物類的東西，完全不吃動物。我們有一種植物蛋白是取自類似海藻的物質，乾燥後磨成粉，做成類似麵包的食物，我們也用它來增稠（勾芡）和調味。這是一種高濃度的營養劑，是我們的主食之一。我們還有一種耐旱的紅色穀類可以做成麵糰，烤成麵包或蛋糕，也可以發酵後做飲料喝。

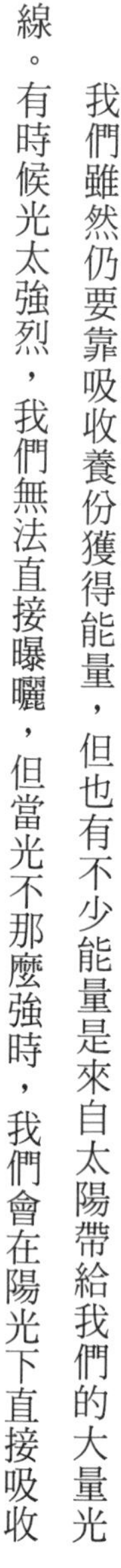

我們雖然仍要靠吸收養份獲得能量，但也有不少能量是來自太陽帶給我們的大量光線。有時候光太強烈，我們無法直接曝曬，但當光不那麼強時，我們會在陽光下直接吸收光的養份和能量。

以你們的地球年計算，我們平均活大約四百歲。有些人可以活六百歲，但大多數不會超過五百歲。

你們的文明有多久了？

透過研究估算，我們的文明開始於四百二十萬星年前（相當於你們的七百一十萬年）。我們的文明發展比你們人類的文明早了很久，因此我們的生活看來先進的地方，純粹是文化和科技的演化，以及廢除了不再有用的體制。這就是生命的演進；舊體制消失煙滅以便讓出空間給新體制。然而，抗拒改變似乎是文明生物的本性，因此這些改變往往會有很多反對者，有時必須要和緩地介紹給那些心存恐懼和害怕改變的人。

透過在科學、文化和靈性上的進步，我們找到與我們的星球共為一體的生活方式；把它當做活生生、有意識的生命體尊重。我們很多人也都相信這個星球是有意識的生命。我們學到了**尊重並愛護一切有意識的生命**比使用暴力和拘禁的效果要好上許多，還有**關心和協助**總是比強迫別人順從社會結構要來得有用。這些心得是因為在經歷了許多無效的不同體制和失敗的實驗後，研究者的任務便是去找到那些符合，而非對抗大自然法則運作的系統，我們因此所學到的課題。

沒有適當的照顧和養分，植物不會成長；如果除了核心家庭之外，社會體制無法提供照顧和支持，我們又怎能期待一個有意識的生命茁壯？我們也從研究慣犯得到以下的結論：透過關愛、心理治療和重新引導能量，大部分的罪犯都能改過自新。至於那些無法改過的，我們將他們永遠安置在一個溫和並充滿關愛的環境裡照顧，而不是監獄。

你們的文明在我們看來，就像是我們文明搖籃期的早期。我們對你們有很多很多的愛。我們提供的所有資訊都是伴隨**協助**、**愛**和**服務**的最高意圖。我們來此與你們溝通並沒有別的動機，純粹是想**協助你們星球的進化**。

你們的星球有多少人口？

大約是八百三十七萬五千人。這個數字比以前少了一些。由於適合居住的土地有限，

我們提倡人口的控制。以前有將近九百萬人。

你們的職業是什麼？

我們的職業在你們的世界可被視為科學家，但我們的定義比較廣，包括了心靈、心智和物質的科學。我們八位都有類似背景。透過我們的研究和實驗，我們已能成功轉移心靈能量，因此能夠經由這個管道（靈媒法夸爾）與你們溝通。

什麼科技對你們社會的影響最大？

我們星球近代最偉大的發現之一是一種具有能量的石英晶體（水晶）。這種晶體所散發的能量前所未見，對我們的科技和運輸系統助益很大。我們已經可以控制這種能量並轉化為用之不竭的能源，啟動各種交通與居家系統。這些水晶只在我們星球的少數地區才有，而且是被探險家意外發現。探險家原本是在探索地下的生命形態，他們發現住在山洞裡的某些生物（類似你們的甲殼動物），除了靠很少量的養分生存，主要靠的就是這些水晶的能量，於是他們開始研究這些水晶的不尋常能量釋放。

自從有了這個新的能量來源，我們不再需要大部分的燃料，也不必再依賴會耗損我們星球環境的自然資源。我們已經發現許多運用這些水晶的方法，也仍在持續研究這個能源的運用層面。你們的星球也可能存在類似的能源。

由於這些重大突破，隨之發展的遠距通訊大幅改變了我們的文化與科技，雖然我們跟你們的文化與科技不太一樣，但都同樣在教育、商業和社交溝通有很大的進展。我們也曾像現在的你們一樣，電子通訊非常流行，只是我們現在懂得更有智慧的使用了。

你們如何處理人際關係的挑戰？

我們透過許多研究和練習發展出對自我的認識與覺察，並因此改變了我們處理危機和爭議的方式。我們覺知到我們的真正本質比「自己必須是對的」，或「自己必須是擁有正確和唯一真理的人」更重要。這樣的覺知跟**意識到我們與所有生命連結**有關，而且只有當心靈平靜，不在「自我保護」的模式時，才會有這樣的感受和體驗。

當我們跟較高的心靈面向合作，自我和心智便不再那麼居主導地位，靈魂因此可以透

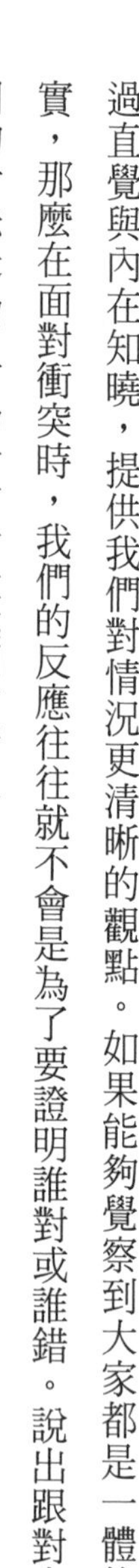

過直覺與內在知曉，提供我們對情況更清晰的觀點。如果能夠覺察到大家都是一體的事實，那麼在面對衝突時，我們的反應往往就不會是為了要證明誰對或誰錯。說出跟對方不同的看法是為了幫助對方考量我們的情況，而不是為了分出對或錯。

這樣的覺知使得人與人之間的關係在我們的日常生活中變得更密切和重要，但我們仍然保有強烈的自我感，也認知到我們生命的神聖本質。這在我們的身與心，靈魂與大腦、心智與情緒之間創造了真正的平衡。因此，即使我們透過太空的蟲洞投射出一部分的心靈與你們連結，我們在這裡的運作仍然是保持在最佳狀態。甚至就在此刻，我們的星球仍不斷有偉大的突破發生。

我們已覺知到靈魂體是由多個部分所組成的整體。我們也知道這些部分如何合作並形成完整一體的自我感。即使我們的外在成就不符合我們的想法，我們依然很愛自己。當心與靈魂一致，真正無條件的愛就會發生。愛自己跟我們的成功或失敗，跟我們的外貌或吸引他人的能力都無關。**真正的愛自己是無條件的**，而無條件的愛就是神性的表達，也是我們做一切行動和決定的基礎。

隨著我們強調無條件的愛在生活各層面的重要，我們對社會進行了許多調整。要讓每個人都認同這個新的思維方式並不容易。我們雖然沒有你們社會裡的宗教狂熱者，但很多人有自己的信仰，而這些信仰並無助於接受改變，因此我們的建議常被忽視。但在經過不斷努力後，具體效果顯現，許多人也開始投入這樣的群體蛻變：以無條件的愛作為所有行為的核心。他們發現這麼做帶給他們前所未有的快樂與自由。

當我們星球原有的政府體制崩壞，社會混亂並彌漫著一股變革的氛圍，而隨著新體制的建立並堅定地執行，情況很快得到緩和。當其他人了解到變革並非為了個人的好處，新體制確實是為所有人的幸福著想，他們明白這種以**心**為本的領導方式正是我們的星球和居民所需要且適合的。

由於這個重大改革是發生在政府體制，許多權力中心的角色有很多變動。當商業結構失敗，各類型的階層制度解散，貨幣制度被終止，偏愛以物易物的新商業制度和許多免費服務開始出現，像是醫療保健和教育。沒有了貨幣制度，也就沒有了貪污腐化和貧窮。許多法律機構、獄政和懲處機構都因此大幅減少。我們現在的犯罪率非常非常低，而且我們的處理通常是找到對治犯罪者的方法，因為犯罪顯示的是失衡和需求。

你們是男性嗎？為什麼大部分通靈的能量似乎是男性？

我們的星球總共有七種不同的性別。也許我們通靈的方式讓你認為具有某些男性特質，但那和我們的性別概念並不符合。那只表示你們的文化把肯定與自信的態度當作是男性的特質。通靈時的男性面向純粹是你們對性別的認定，跟我們對性別的認定不見得相同。

我們這群的發言代表，也就是通常說話的那一位的性別，事實上是有生育能力的，但我們並不因此認為她是女性。我們知道你們的星球對性別的態度和瞭解正在改變，這個趨勢會有助消除一些受限的性別刻板印象。你們有些人想挑戰並掙脫這些刻板印象，但他們發現要社會接受有很高的難度，社會對性別的刻板印象阻礙了他們的動力。當性別刻板印象的界限逐漸模糊，你會發現所有人都被賦予至高的力量，不再被文化上的性別角色所制約。

我們的性別並不只對應於你們所預期的男性和女性。我們沒有外部的性器官，因此我們的性別身分也不像你們的世界那樣明顯。我們尊重所有不同的性別類型，我們不去區分也不指定角色。生殖可以有很多方法，我們在性和性別的表現跟你們很不一樣。我們每個人都很美，雖然你們可能覺得我們的外貌很嚇人。應該這麼說，我們和你們長得非常不同。

你們有什麼娛樂？

我們最大的娛樂是在儀式和慶典的季節，那時我們可以離開地下的住處，到星球表面活動。前面提過，因為這時候我們星球和太陽的距離最遠，溫度較溫和，光線沒那麼強烈，我們能在地面自由探索。這個時期有很多慶典，我們會鼓勵大家出來接觸神聖的光，感受星球上的空氣，我們的空氣也會提供我們養分。

我們在這段時期有你們會稱之的跳舞、唱歌和美妙的旋律聲。我們慶祝生命，常常有精心設計的節慶。我們也會花很多時間跟小孩玩耍、說故事，而且很享受這樣的時光。我們也有很多團體活動，像是辯論、聚餐。還有一種類似你們肢體接觸運動的遊戲。

我們有很多戶外的現場表演，一般大眾都能觀賞並參與演出。這些表演可以長達好幾天，除了許多演員，還會有不斷加入的觀眾一起演出。這些表演充滿歡樂，而且是讓大家更親近、放鬆和開心的好方法。

你們由誰撫養孩子？

我們的孩子是由親戚一起撫養，包括父母的手足和祖父母，大家共同照顧和指導孩子。我們從孩子小時候就教導他們獨立和自給自足，這樣他們才有勇氣與能力在我們這個頗惡劣的環境裡生存，也才有能力面對長大後遇到的困難。當孩子到了獨立生活的年齡，我們會盛大慶祝。孩子在成年前便會經常長程旅行，學習如何靠自己生活，並在不同地區體驗不一樣的生活情境。

我們很多人並沒有傳統家庭裡的角色。大家庭共同持家和養育孩子是很常見的情形。這樣的團體生活對我們很有幫助，因為日常家事由大家分擔，沒有人需要花所有的時間做家務，因此有時間追求個人的興趣。這樣的時間管理讓每個人都有平等的機會學習、從事社交活動、照顧自己，而且必要的家務也有人執行。每個人都要照顧家庭、孩子和料理食物，無人例外。

請解釋你們對上帝的看法、定義或信仰——如果你們相信有上帝的話。大家的信仰都相同嗎？信仰對你們是一個會引起爭論的議題嗎？

我們沒有你們所稱的宗教，但在那些對我們的起源有不同信念，對於靈魂、能量，還有我們是誰的理解有不同想法的人們之間，曾經有過爭議。我們不曾崇拜一位神聖的造物者，但對於看不見的未知力量如何創造了我們的種族和宇宙，大家倒是有不同的理論。

有的故事跟你們的天神造人或創造萬有一切的傳說類似。當然，也有完全基於可見、可證實和親身體驗的事實所產生的科學理論。然而，對於那些開始了解實相的**能量**性質的人來說，這兩種理論都不是唯一真理。這是為什麼我們有很多人主張一種擴展的科學見解，它包括了心靈物質，也就是看不見的能量。就是在這樣的研究下，「源頭能量」的事實越來越被大眾接受，因為它和我們內在的真理共鳴。由於我們不再受限於需被具體經驗的觀點，我們開始實驗個體的能量，並且將這個能量擴展到超越我們世界的物理限制之外。

我們和「源頭能量」的關係並非崇拜，而是愛、尊敬和感恩。我們知道，我們和源頭能量並不是分離的，我們在本質上與祂相連，我們因此經驗到我們本質的真諦，就是宇宙

的創造力。

你們曾經用過任何的致幻藥物嗎？順道一問，酒精飲料對人類有任何益處嗎？

我們沒有你們星球那麼豐富多元的飲食，但我們已能發展出多種令人滿意的混合物。我們有類似於你們製造酒精飲料的發酵程序，但不是完全相同。我們星球的植被稀疏，有些植物需要經過加工處理才會可口。我們的水的形態跟你們的不太一樣，不過它仍然是液態，而且是生命的必需品。我們的藥物是從地下藻類和類似你們土壤裡的特定類別的分子製成。我們的星球雖然沒有你們那麼多樣的動物和昆蟲，但還是有些生物，大多是昆蟲類的小生物，牠們住在土裡，對我們無害。我們也有些藥用物質是取自這些生物的身體，但我們是你們所稱的素食者，我們的食物來源限於某幾類植物和藻類，還有一種很類似你們星球的苔蘚類。

我們會把特定物質的發酵物做成儀式時使用的飲料，這跟你們星球上的精神藥物很類似，但沒有你們對它們的汙名化。這個飲料在不同的儀式都會用到。當有人有困擾時，也會抱著療癒和找到平靜的最高意圖用它來探索意識。它跟你們發酵的酒精飲料並不一樣，但我們瞭解你們從飲用酒精飲料所獲得的愉悅。事實上，如果使用的意圖不當或目的扭曲，任何的攝取物都會有害。我們不認同過量攝取任何會改變心智的物質，因為會使意識脫離靈魂真相，並因這樣的分離狀態而導致憂鬱。這樣的脫離狀態也會造成上癮。當使用時保持清晰的動機，我們不認為這些物質會對我們有害。

時間對你們來說有什麼不同嗎？你們經驗到的是有過去、當下和未來的線性時間嗎？

我們經驗到的時間是週期性的，我們的時間模式是對應宇宙的特定面向，就像你們的時間模式是對應你們的太陽系一樣。差別在於我們能夠穿越時間的多個面向。雖然時間在我們的肉體經驗裡是固定的，但我們發展出以心靈穿越時空的能力，這個能力使我們能以不同的方式運作時間。我們的心靈能夠進行時光旅行，在時間與空間中移動，因此時間感與你們不同。

時間並不是一個簡單和固定的結構。我們已能用不同的方式體驗宇宙和你們的過去及未來。操控時間讓我們更能在科學實驗和身心健康上創造出跟你們很不同的結果。

我們曾經很難理解你們對時間的概念，就如你們也很難理解我們對時間的概念一樣。因此，時間、物質和能量的相對性，以及對於時間的體驗，顯然是可塑、可以改變的。

這樣的時間概念是你們發展出來的，還是原本就如此？我們真的能夠選擇怎麼去體驗時間嗎？如果可以的話，你認為改變我們對時間的概念和經驗會有什麼好處？

由於我們體驗到的時間是一連串循環，是週期性的，我們根據生命的循環來度量時間，時間是在持續改變的自然節奏裡流動，而不是有開始和結束（譬如你們的一天）。這不表示我們不會體驗到跟你們一樣的線性時間架構，而是說我們不像你們一樣，將時間描述為分鐘、小時、天、週、月和年。確切地說，我們注意到每個人都有獨特的生命週期。生命週期不只基於他們的年齡，也根據他們的人生階段。這些週期帶領他們經歷童年、年輕時期、成熟期等等階段。這些週期並沒有特定的起始或結束，而是從一個階段自然流動到下一個階段，因此我們不用太陽年（solar year）來度量一個人的人生，而是看他目前正經歷的週期。

行星運行的週期和圍繞太陽的運行決定了我們大部分的活動。因為我們必須遵守這些節奏才能在我們的星球安全生活。我們不那麼在意每一天的流逝，我們關心的是太陽的週期。當太陽和我們的星球有足夠距離時，我們能夠安全地旅行各地。但當太陽週期是在太陽接近我們的星球時，我們就必須待在地下的住所，因為曝露在那樣強烈的能量下對我們並不健康。

我們計算這些週期不像你們是以日和週計算，而是以週期的長度。週期長度相當一致，但跟你們地球那種一天又一天的架構並不相符。

透過我們的時間結構，我們更能覺察到大自然的循環。透過循環，我們觀察到死亡與重生的自然節奏、艱困的環境和較溫和的季節、童年期與成熟期。我們會以許多方式慶祝一個階段到下一個階段的穩定循環。我們甚至會慶祝死亡，因為它代表了生命、死後世界、重新出生，然後又一次生命的持續循環。

從很多方面來說，我們這種時間結構跟你們的時間結構有類似之處，但沒有你們的那麼僵硬，而且跟自然節奏更有連結，像潮汐一樣起起落落，不像你們的線性時間結構那麼固定和可預期。這是為什麼你們的時間必須定期校正，因為你們星球的運行和磁場波動並非總是那麼準確，因此會產生輕微差異。

你們對時間的體驗可以說是一個選擇，而且是從人類對大自然和宇宙的古老信念所衍生出的分、時、日、年。這是人造的系統，為的是創造秩序。大自然的系統並不總是劃定得非常清楚，因此人類創造出讓大腦比較容易理解和適應的一致性的幻相（也就是線性時間系統）。你們的十進位數字系統也是人類建構的概念，源自人體的生理結構。如果你們的生理結構不同，你們的數字系統也會改變，你們會因此體驗到不同的計算、數學、幾何和空間的現實感。

你們計算、測量和分類的系統，對你們的時間結構有極大影響，它把時間劃分為比較容易理解和測量的小單位。然而，以這種系統來架構你們的生命並不總是正確和可靠。當你們經歷不同的年齡階段、成熟期和最終的死亡時，這個線性系統也會約束和限制你們。

這個系統讓你們對時間的流逝、老化和季節的更替有清楚的預期。透過預期，便有了穩定和舒適感，因為一切看似都照你們的預期有秩序地發生。然而，正如地球已一再顯示的，這些預期並不一定吻合現實的狀況，因為現實狀況會受到天氣模式、氣候、太陽對你們的季節，以及個人心理對老化過程的影響。因此，在時間和預期的限制裡，你們常會感到挫折和失望。我們發現，對生命的節奏保持開放與彈性，期望值就會少些，當事情不符預期或計劃時，也比較不會恐懼和不穩定，挫折相對也就減少。

我們瞭解要改變你們的時間結構非常困難，地球各地也會抗拒任何改變，但我們還是要鼓勵你們多觀察自然世界的循環，把它當作時間流動和生命階段改變與進展的指標，不要依據數字上的年歲、一年裡的月份，甚至人類的第幾個千禧年來設定預期。觀察你們的身體對於光亮與黑暗、溫暖與寒冷、成長與死亡的自然循環的反應，不要受限於日曆上的季節，那多少會帶來錯誤的預期。旅行時，感受身體對不同氣候的反應；感受不同的日照模式如何干擾睡眠，這在長途旅行時，往往令人困擾。傾聽身體的節奏與模式；觀察當你獨自一人和在團體裡時，你的身體節奏和模式如何流動，有何不同。你們會因此發現物質世界裡更自然的時間本質，並對所有節奏都感到更自在。

文明的演進帶給你們最顯著的改變是什麼？

身為物種，在進化和轉變的期間，我們學到了**謙卑**、**慈悲**和**一體**的概念，以及**放棄貪婪和自私心態**的重要。也就是經由這些改變，我們找到了真正的賦權與穩定。

千年以前，這些觀念還不存在。現在，我們在情緒上已經從「在星球的艱困環境下，以生存和存在為主」的物種進一步進化了。透過求生的過程，我們發現，集體比個體更強

大有力。但在發展過程中，我們**因為偏離了一體的精神，轉向階層形式的管理和權力組織，由此導致的腐敗和貪婪幾乎把我們毀滅**。直到群體意識的概念重新復甦，我們才找到了新的存在模式。

從個體上來說，我們每個人都發現了內在的偉大力量，這帶給我們極大的自由與喜悅。心靈的力量是我們真實本質的力量，它轉變了我們對所有生命的理解。雖然我們每個個體都是具有獨特性格和經驗的生命，但透過集體的合作，我們每個人都發現了之前無法想像的偉大力量。這也是我們希望協助你們理解的一點。

這些課題在你們的世界是如何具體呈現？

在我們克服物質世界必有的困境之前，我們的體制也有你們常見的各種問題。到處都有戰爭、疾病、犯罪和制度性的腐敗。有很長一段時間，我們體制的未來看起來很沒有希望。同一個時期，針對心智與靈魂的關聯，以及智性和意識所進行的科學研究有了許多進展。我們發現，智慧跟意識和思維是脫離的。意識、精神／心靈和靈魂，被證實是組成生命的獨特能量元件，它們能夠脫離身體和心智，穿越時空旅行卻不對留在星球上的肉體有任何影響。同樣地，你們的意識也有另一個層面正在另一個次元空間過著很不同類型的生活。感覺上，這個意識層面和你們清醒時的體驗一樣真實。事實上也是如此。你們一定也注意到了，晚上做夢時，你們在夢境的感覺跟清醒的時候同樣真切。因此，哪一個生命經驗是真的？哪一個不是？我們的看法是，它們都是真實的，因為它們都會影響你的心靈，都是在為你的學習、成長與揚升打造最佳的氛圍。

我們的生活和你們在地球上的生活雖然有些類似，但日常的許多壓力和擔憂已經不再折磨我們。我們取消了以金錢交易的方式，社會不再有與此相關的貧窮與犯罪問題。這是我們的世界最讓人感到自由的轉變。我們現在的體制鼓勵在各個方面展現才華和技術的星球住民，為了整體利益，跟有需要的人分享他們的能力。人們最終都會得到某項服務或技術作為交換，因此能量的互換從不會失衡。收到的最終會給出去，所以以金錢作為能量的交換只是象徵，而且沒有必要。如果有人提供的是大型服務，有時他們交換的會是手製的器物和裝飾品。

沒有了財富分配不均的問題、大眾對所有生命展現慈悲、有才華的人不再被貪婪操控，這種種原因使我們能在研究和發展上大幅進步，也使我們的生活幾乎不再有壓力。

我們也淘汰了階級政治和寡頭政治。我們執行新的體制，這表示我們不再需要一個單

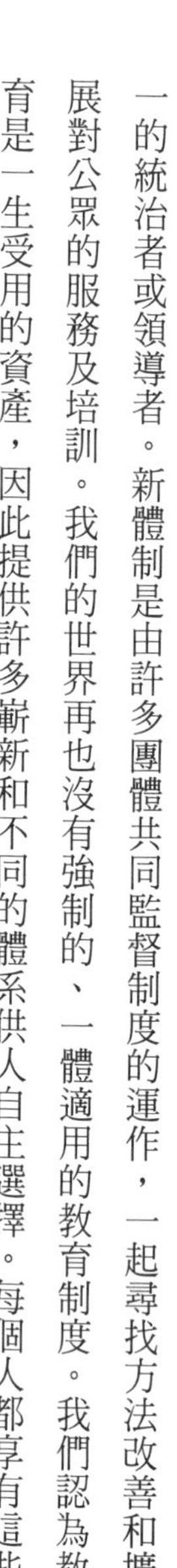

一的統治者或領導者。新體制是由許多團體共同監督制度的運作，一起尋找方法改善和擴展對公眾的服務及培訓。我們的世界再也沒有強制的、一體適用的教育制度。我們認為教育是一生受用的資產，因此提供許多嶄新和不同的體系供人自主選擇。每個人都享有這些教育資源，而且都認為很有幫助。

你會怎麼評價一個作者的時間，像是翠西或我？假如有人寫了一本暢銷書，或是花了一年所寫的書賣得不好，作者要如何回收他所投入的時間與心血？在你們的文明裡，作者會因此心灰意冷不再寫了嗎？

關於創意工作的報償，像是書、音樂、藝術品，以及其他高度主觀價值的項目，報酬都會比較複雜。但我們發現，由於這些物品的價值是由購買者直接決定，而不是某個第三方，因此在報酬上對於創作者所花的時間與能量往往較為公平。

我們的意思是，在你們的體系裡，舉個例，一本書是否成功，往往要看出版商和行銷商而定，不見得是因為那本書本身的價值和優點。只因為創作者沒有引人注目的有效行銷，很多很棒的創作被忽視了，大眾因此無法得知或注意到這樣的作品。我們想要強調，在最不被注意的地方與行業，常有大眾尚未發現的最偉大心智與才華。沒被注意或不受到注意並不表示他們的工作或作品較沒有價值，這只表示那些有權力的人還沒賦予其價值。

在我們的文化裡，書寫的作品通常不像你們一樣大量出版。我們有些機構很像你們的圖書館，書籍會在公眾間流通。如果一本書很受歡迎，就會多印一些。我們有類似你們的美術館和畫廊的地方供大家欣賞藝術創作，一般人也會購買藝術品。這些作品的報酬不完全是基於有多少人購買或取得。我們有一個讓各種藝術家住在類似聚落的制度，我們提供他們食宿、日常所需，以及創作需要的材料。他們可以一邊創作並過著舒適的生活。當一位藝術家的作品受到廣大歡迎，只要他選擇繼續創作，他的生活條件就會提高。如果作品不受歡迎，我們會鼓勵這位藝術家從事別的工作，把創作當成工作之餘的興趣。

我們知道並非所有作品都具有足以吸引大眾注意力或眼光的技藝，為了藝術家的心靈，還有創作帶給他們的喜悅，我們會一直支持創作。我們會為作品展現出專精技巧，為喜愛者提升生活品質的創作者提供支援，我們也會協助作品沒那麼受歡迎的創作者找到其他形式的工作，並且繼續開心地創作。

你們社會面對的五個最大挑戰？

1.年長者的照顧——我們的平均壽命相當於你們的四百歲以上。雖然一般人都很健康，但是人口老化還是造成一些問題，就像你們的社會一樣。我們有很多老年人需要關心和照顧，但我們沒有足夠的機構照顧他們。許多家庭因此會把年老的親友接到家裡照料。有些老人不只健康和認知力減退，由於他們是舊世代，他們抗拒我們所發起的改變。因此，即使他們已經看到改變所帶來的益處，有些年長者還是不太開心。這也造成照顧他們的家庭的壓力和牢騷。我們現在正為老年人口建造更多機構，但這不容易，因為我們的星球能夠居住的地方有限，很難找到適合建造這類機構的空間。

2.食物短缺——由於星球的條件惡劣，能夠生長的植物有限，能夠種植的空間也有限。植物研究上的突破雖讓我們發展出新的種植方法和新植物，但我們對這些植物的使用有些爭議，因為有的人認為它們不是自然產物。這跟你們目前面對的基因改造的作物議題很類似。無論如何，我們還在持續研究，而至目前為止，我們一直能夠維持足夠和健康的食物供給，我們也在持續完善農作的生產過程。

3.工業生產——由於我們在特定時期無法在星球的表面活動，我們的製造和運輸也受到限制。我們現在比以往更看重手製品，但有些東西確實需要快速製造。我們是有一些類似你們工廠的自動化系統，可是空間無法像你們的那麼大，而且先天就受到限制。我們的星球沒有你們那麼多元的材料，這也相對限制了我們所能製造的日常用品。好處是，我們因此必須懂得如何最有效的運用可用的材料，但這也使我們能製造的產品受限。

4.執法——雖然我們的時代擁有前所未有的和平，我們還是需要「和平警察」維持法律和秩序，但也因此導致一些類似於你們星球的問題。我們沒有太多暴力問題，偶爾有些偷竊或騷亂需要執法人員處理。我們持續朝沒有暴力的文化努力，但現在確實還是有些人認為自己被忽略輕視而氣憤，因此情緒爆發或是更糟的狀況發生。當執法人員因此濫用權力或退縮時，問題就跟著產生了。

5.對星球的傷害——在我們的意識還沒能改變為尊重我們居住的星球和大地之前，有些形態的工業透過挖礦、在土地上實驗，以及為尋找資源爆破沉積岩等等行為，而對星球的結構造成傷害。雖然我們持續以多種努力修復這些破壞，顯然有些傷害還是無法逆轉。

先前的破壞行為導致一些地區的土地不穩定，使得我們能安全居住的區域更受限了。無論如何，我們有信心可以從這些困境中好轉。

你們和我們的社會十個最不同的地方？

我們很樂意為你們說明。請記得，這樣的比較絕不是在批判你們文化結構的現有制度，我們只是提供一個不同的觀點。

我們希望透過這些溝通讓你們知道，有其他的生活方式可以創造出更平衡、更合作，而且以「心」為本的生活。我們希望我們的例子能夠激發你們去尋找適合你們自己的方式。

1.貨幣化交易——如我們說過的，我們買賣物品和提供服務都不使用金錢。當我們一發現金錢的使用在我們的文化造成很大的不平等感和物質主義後，我們的當務之急便是設計其他可以取代金錢，讓能量交換更平衡的系統。我們認出貨幣的真正本質，與其說是獲取物質的方式，不如說是交換的象徵。因此我們找到別的交易方式，這種方式不會形成階級，不會只有利於那些有辦法和途徑累積財富的人。簡單來說，我們目前的體制可以讓每個人都專心發揮才華、優點和天賦，提供物品和服務來滿足社會的需求。

就像你們的社會一樣，我們有些人跟別人合作，有些人獨自工作。譬如說，如果有人想開設提供某類物品的店面，他們會有一套系統來記錄商品的進出。取用物品的人需要以自己的商品或服務作為交換，但這不一定都是直接的交換，由於這類店家通常是由一群人合作管理，因此交換的對象只要是共同管理的成員都可以。我們很信任這個系統，絕大部分的人也很遵守規定並樂意維持交換的平衡，因而無須賺取和花費任何形式的貨幣。我們也有別的制度照顧因為任何原因而無法工作的人，不過我們發現，很多人縱使能力受限也會想從事某個工作，因此他們多少都對社會有所貢獻。

2.婚姻與關係——在我們的文化裡，家庭的組成並不是一定要有婚姻的儀式。我們的社會單位是基於社群，家庭結構可以擴大到包括沒有血緣關係，但我們選擇與他們分享生活，有時也一起居住的人。我們的社會裡有些人選擇單一配偶／伴侶制的關係，但這不是唯一的文化標準，有些人選擇的關係形式較不那麼制式，就像你們的文化也有這個情形。

我們表達親密或情感不只限於「性」，所以也比較沒有所有的情感需求要由一位伴侶

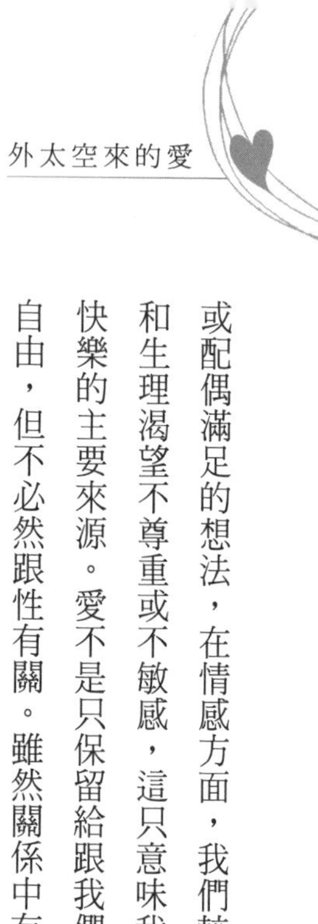

或配偶滿足的想法，在情感方面，我們較不拘泥於正式形式。這不表示我們對別人的情緒和生理渴望不尊重或不敏感，這只意味我們對情愛關係的期待比較少，不把它當成安定和快樂的主要來源。愛不是只保留給跟我們經由正式儀式結合的伴侶。我們對愛的表達比較自由，但不必然跟性有關。雖然關係中有性的成分，生殖也需要性，但我們的文化並不那麼強調性，因為它不是表現情感和愛意的唯一方式，我們的文化行為標準也沒有那麼去規範它。它比較是一種自我表達的自然形式，雖仍是一種私人行為，但沒有隱藏的罪惡感，也因此沒有相關的性工業和性剝削。

3. 健康——由於我們沒有金錢交易的制度，健康與醫療保健就不是以賺錢為目標。我們重視的是健康，而不是醫藥工業。健康問題嚴重的人得到照顧和均衡的營養，使身體再次回到平衡，因此能在最好的能量環境裡自我療癒。我們會使用由植物萃取的特定藥物來幫助平衡身體系統、減輕痛苦，並抑制入侵異物的成長。我們沒有你們文化裡緩和疾病症狀的各種藥物，因為我們覺得症狀可以協助我們辨認身體要如何自我療癒。我們盡力讓病人感到舒適，我們提供照護和營養上的需要，幫助強化他們的生理系統，以便身體進行自療。

我們已經消除了以往造成疾病的許多毒素，健康問題因此大幅下降。隨著日常生活壓力的減輕，與壓力有關的疾病也跟著減少。這不表示我們不會生病，只是我們不再需要以治療疾病為主的產業[1]。也因此，我們現在的醫療文化是基於保健。我們發現，在這樣的環境裡，無法治癒的疾病減少了，藥物和醫療不再那麼像以前那麼需要，整體壽命也延長了。高齡者患病的少了，很多人在準備好前往另一個世界之前，都活得很健康。我們很高興看到你們對健康和保健的態度在逐漸改變，但在整合健康的能量與健康的身體，以及脫離以獲利為基礎的製藥業方面，你們仍有很長的路要走。

4. 政治結構——我們先前的社會近乎崩壞的主要因素之一，就是領導結構奠基於階級、地位和財富。隨著領導體系的搖搖欲墜，決策越來越基於貪婪與利益，而不是為大眾福利，社會整個結構因而崩毀，而我們必須在許多反對和恐懼下，打造一個完全不同的架構。

類似情況也曾發生在你們世界的歷史。我們注意到這些社會體制的崩頹往往導致許多

1 請見本書第二部分弗蘭克談到囊狀纖維化的例子。

暴力行為並帶給人民痛苦。然而，一次又一次，你們的文化從這些災難中復甦，這很了不起。我們認為這證明那些看到真相的人有中心思想，而且他們的領導確實是以大眾的利益為念。

權力對領導者是很具挑戰的面向，權力會驅使小我運用恐懼來操控大眾。我們因此發展出權力分配較平均的領導制度，而不是將權力集中在單一個人，依賴那個人做出影響眾人的決定。我們交付群體領導，而且這群人展現出他們是為了大家的幸福而創造改變，不是為了一己私利。這個型態的結構不是基於政黨，也不是基於投票結果或家族人脈，而是因為這些人展現出他們在生活各方面都有以**遠見**、**智慧**、**直覺**和**慈悲**作出最好決定的能力。

我們的領導團隊是先透過提名或申請產生，然後依任用準則選出最適合的人選。這些領導官員不被看作是社會地位的表徵或高階人士，而是擁有卓越的直覺天賦，瞭解社會需求的公民，而且他們具有引領大家接受所需改變的創意。沒有了導致貪婪的金錢制度，官員們更有可能會忠於初衷，忠誠於他們服務的人民。也由於領導權力的平均分配，他們不太會被追逐私利的小我左右。

5. 教育——我們對早期教育的架構已經寬鬆許多，不像以前那麼死板僵硬，這讓我們有更大的表達自由、更多的個人成長和心靈的綻放。我們發現，當人們被迫進入一個以單一標準看待所有人，不容許有不同的學習風格和性格的架構時，他們會抗拒學習，而且對被迫接受的行為準則有反抗心態。當我們開始允許更多的時間花在運動、創造性的表達、非結構化遊戲（unstructured play，譯注：一種開放式的遊戲類型，沒有特定的學習目標，而是讓小孩自由遊戲，大人不主導，小孩因此能學習運用想像力和創造力）和討論時，學生的回應變得正面許多，因為他們的個別特質受到尊重，對運動和自由表達的需求也被重視。我們也發現，壓力和形式減少後，學生會有更理想的學習經驗，也更願意嘗試新的思考方式。我們中學階段的教育體制已經是完全類似技術學校的型態，學生有更廣泛的學習經驗和很少的必修要件。想學習特定技能的學生可以全心專注在技術上的訓練，而想體驗更廣域學習的學生也能如其所願。我們鼓勵終身學習，因此這些學校裡的學生是跨年齡層的，很多人純粹是為了豐富生活和拓展心智而學習。我們對中等教育沒有什麼預設，我們鼓勵學生增強自己的獨特技能和才華，也鼓勵他們在人生中探尋不同的道路，豐富生命和體驗。由於學校的目的不在獲益和收入，因此可以更專注在教育的目的。學生也不會因金錢負擔或債務壓力而影響快樂學習的經驗。

6.靈性與宗教——我們雖然從來沒有你們社會盛行的宗教結構，但我們曾經有某種信仰比別的信仰更被接受，這使得那些不同信仰的人覺得自己被排擠或批判。有些人的信仰比較強調心靈層面，有的則堅持較傳統的儀式，兩者間並沒什麼交集。隨著我們的社會越來越尊重個體並強調合作，較為組織化信仰的信徒越來越少。在新結構下，人們需要一個尊重，而非懲罰個體，需要一個不論斷，也不令人覺得自己有罪的靈性型態。我們因此有了現在這個更靈性，有著許多信仰的社會，而且這些信仰都是基於感恩、榮耀聖靈、認知到內在靈性，並在身體死亡時歡慶靈魂進入另一個世界的信念。

我們並不是每個人都有信仰或是會參加宗教聚會，我們也不認為信仰的表達有對錯之分。就如教育體系的改變，靈性社群裡的自由表達也幫助了大家和平共處，這樣的環境不再有批判，或是強迫別人探索特定的儀式。

想要公開表達對造物者的愛的群眾會舉辦聚會，喜歡獨自的人也可以自己進行。有些人沒有任何信仰，有些人則覺得每天做儀式有撫慰作用，對心境很有幫助。我們社會裡的每一個人都能選擇適合自己的方式，而且這些靈性表達的形式並沒有任何高下之別。

7.食物與營養——就如我們先前所說的，我們的營養來源不像你們那麼多樣，但我們發現，運用一些創意就能擁有多元和有趣的飲食，而且還能有足夠營養讓我們在艱困的環境裡存活。

我們雖然有處理食物的地區，但從來沒有像你們現在的製造體系。我們因為必須一直維持營養的飲食，不曾體驗過你們的社會因缺乏營養和成癮飲食所造成的問題。我們也不強調特定身材和體重的美感標準。然而，在我們社會結構改變的過程當中，我們發現了處理有限資源的新方法，這些方法保護了作物的生長用地，我們也透過更謹慎的收割和更有策略的農耕提昇了產量。

此外，我們發展出一些更營養的可食植物，在分子層面上更能滿足營養需求。這個過程並沒有用到基因工程，而是大量種植先前被我們認為是不適合食用的既有植物。我們先用熱能乾燥，壓碎後磨成可食用的形式。我們也發現一些開花植物會長出類似你們地球上的食用果實。這些新食物提供了營養來源，讓我們更健康。透過教育，大眾也更了解營養和多樣食物的重要。我們對食物的生產沒有獲利的考量，因此我們注重的是營養價值，而不是吸引上癮的口味。

8.科學與科技——在放寬研究標準和範圍後，我們探索了之前不曾接觸的領域並獲得

很大的進展。一旦科學家跨越了純科學的界限，探索心靈、思想和能量領域的力量，先前在僵硬的科學探索結構裡所相信的一切就改變了。

我們發現，我們以前的僵硬結構和你們現在的結構有許多相似處，因此我們認為你們在這方面有很大的拓展和改變空間。一旦研究範圍擴展到超越以往所認為的可能範圍，你們就會找到新的可能和新的體制，而你們先前只能夢想的事便會發生。

透過研究能量和探索太空的能量場，你們將發現曾被認為不可能的新科技。然而，這些探索方法必須透過個體心靈能量的擴展才能獲得。就如我們已能透過能量轉移與你們溝通，你們也將透過同類型的探索發現宇宙許多驚人的現象。

太空探索如果不涉及身體層面，就不需實體運送，也就不必受到時空的限制。這也開啟了我們對我們實體結構的星球和我們身體裡的分子與原子領域的探索。這是以前我們從未想過的。我們目前仍舊在持續發現和學習心智與心靈力量的各種細節及複雜度，對這方面的研究不斷在擴大中。

9.能量與燃料——我們曾經有過類似於你們現在所開採的化石燃料的能源型態。我們的能源需求雖然跟你們很不同，但我們仍然需要燃料。我們發現，開採這些能源對我們居住空間已經很有限的星球環境造成了傷害，我們因此決定必須使用新的燃料，於是開始對星球上的各種物質進行實驗。在研究過程中，我們拿先前尋找地下生物時找到的多種水晶實驗，發現有一種水晶放射出的能量可以無盡地使用。這個發現改變了我們使用能源的方式；我們不再需要破壞性的採礦，不用因為鑿取大量燃料而傷害土地。我們現在只需少量水晶就能創造大量能源，而且同樣的水晶可供長期使用，無需替換。我們使用的能源乾淨，而且來源穩定，我們的土地因此得到保護。

如果不是之前的環境危機令我們迫切需要改變的話，我們也不會進行這項研究，不會因此發現這類燃料了。我們會建議你們的研究者跳脫利潤的思考，尋找類似不會造成土地傷害的另類能源。

10. 娛樂與休閒——我們目前的工作、教育和家庭結構讓我們擁有更多自由的時間，也更看重休閒與放鬆的需要。這因此創造出提供愉快、有趣和放鬆活動的新產業，它們幫助平靜心思，同時也刺激學習和多方面的自我表現。

我們很鼓勵藝術與創作，所以有很多活動是為了藝術創作和音樂的愛好者。大型團體會齊聚進行舞蹈、藝術與音樂活動的合作。書寫的形式被視為藝術，創作獨特的文學形式

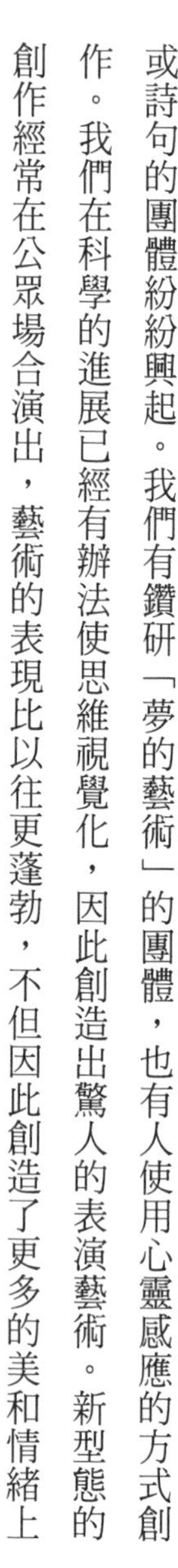

或詩句的團體紛紛興起。我們有鑽研「夢的藝術」的團體，也有人使用心靈感應的方式創作。我們在科學的進展已經有辦法使思維視覺化，因此創造出驚人的表演藝術。新型態的創作經常在公眾場合演出，藝術的表現比以往更蓬勃，不但因此創造了更多的美和情緒上的療癒，藝術所產生的能量流動也讓每個人在各方面都受益良多。

以你們文明的興起與隕落來看，如果要享有快樂與成功的人生，你們認為十項最重要的社會或個人價值觀是什麼？

我們很喜歡這個問題和它的涵義。沒錯，我們發現某些特定價值對我們文明軌跡的改變非常重要。在我們的文明逐漸墮落退化的那段時期，社會就欠缺了許多下列的價值觀：

1. 自我表達——這是個體和蓬勃發展的整體社會裡最強大的力量。在一個想要民眾盲目服從和盲目消費的社會，最被壓制的個人面向就是自我表達。這樣的社會制度往往想貶抑個體天生的才華與熱情，迫使人們進入較為傳統的受薪、消費和遵循規則的生活型態和角色。

自我表達對制度化的結構來說是危險的；創造力在這樣的社會被輕視低估，那些不依制度而行的人被認為有著奇思妄想或不正常。這類社會架構往往會刻意製造人與人之間的區隔。融入組織的人得到認同，不適應的則被排斥。你們可以在本身的文化看到許多這類例子，但你們也看到情形已經漸漸有了改變，大眾開始會去尊重那些不適應環境或原先不被社會接受的人，而不是不假思索或無意識地嘲笑他們。

那些能夠**自由思考**、**有創造力**，**活在大眾認可的架構外**，**不依循社會認定的美感**、**價值**、**經濟地位和智力標準生活**的人就是新時代的先驅。在新時代裡，自我表達將會朝向更**真實**和**聽從心的聲音**的方向，這樣的特質也將被重視和欽佩。

2. 自我價值——如果一個人的內心對自我，對自己的夢想、渴望、能力和才華沒有價值感，自我表達就不可能發生。一個為了想控制人們而貶低個體的社會，會試圖讓人們的心裡一直感到匱乏。社會所標榜的理想化的完美被視為生活的終極目標，但這種完美事實上並無法達到，把那樣的完美當作真理相信的人，內心因此感到欠缺，他們持續透過消費主義和不健康的行為試圖滿足內心的空虛。

當你們的社會開始轉變，變得更慈悲、更以心為本、更重視內心的共鳴，人們將開始

瞭解他們本身的存在對於社會就是件很有價值的事，他們會更能跟隨內心的渴望，開始表達自我。

雖然不是每個開始感受到較強烈自我價值感的人都能理解這點，但他們在這個過程中，會越來越察覺到與源頭的直接連結，並更有意識地瞭解到，他們成長中的自我價值感和自我表達，正是歡慶他們內在神性的表現。

3.服務——在一個尋求支配或控制，而非鼓勵個體的社會裡，自我表達和自我價值會被看成是自私、自我中心和有罪的自大行為。事實上，**認知到自我價值並能自我表達的人，很自然地會想運用才華來服務別人，因為「利他」最能與靈魂的頻率和諧共鳴，與心調諧一致**。欠缺自我價值感和不自我表達的人會活在一種無意識的狀態，因此與他們內心想服務他人的渴望失去連結。他們會一直向外尋找，想要填滿內心的空虛，而這些外在的分心事物讓他們盲目生活，他們很少想到自己的行為和能量會如何影響別人和周遭的世界。

真正觸及自我神性表達的人，最能深刻感受到自己想服務別人的渴望與衝動，他們會用天生的才華對遇到的每一個人展現慈悲，並且啟發、鼓勵和撫慰人們。他們會**創造美**、

創造有用的科技，創造新的制度和更好的組織。他們會直覺地感受到人們的需求，會用自己的才華尋找方法來滿足這些需求。

服務別人會生出一種自然的喜悅，這是以其他方式都無法獲得的。那些很少感受到這個喜悅狀態的人是因為沒有體驗到他們神聖意志與源頭能量的真正連結，因而錯過了這個經驗。所有的人在生命中的不同階段都有機會為他人服務，不是所有的人都會注意到或聽從這個內在聲音，但那些肯傾聽的人，將找到生命的神性表達的最高滿足感、熱情和活力。

4. 慈悲——大家經常誤解慈悲的意義，以為是為別人受苦。我們所說的慈悲是以**心**與他人連結，因為我們了解到**所有生命都透過源頭的能量彼此相連**，所有的生命裡都有一部分的我們。這種慈悲有時會讓我們感受到他人的痛苦，但感受到他人的痛苦並無法療癒痛苦，而是在感受到那種痛苦時，我們被激發以任何可用的方式去減輕他人的痛苦。

真正慈悲的人不覺得需要去療癒、拯救，或是解救人們脫離他們的處境，而是試圖去**提升**、**賦權和激勵受苦的人**，讓他們找到內在的平靜和真理。

承擔世界的不幸或扛起世界的問題並不是慈悲的真正表現，因為這並不會減少痛苦。

事實上，透過人們之間的能量傳遞，這只會擴大痛苦。（編注：承擔痛苦不會讓痛苦消失，改善和消除痛苦的原因才能減少痛苦。）真正的慈悲會想要服務，想要用天賦才華來貢獻，想對世界展現這些才華。如果某個人表現出某種才華並瞭解那項才華的價值，他自然會慈悲地想要透過才華服務他人。透過你們每個人的才華和每天大大小小的善行，你們將在所有生命間的能量連結產生漣漪效應，並因此開啟慈悲的循環，最終成為改變你們文化的力量。

5.玩耍——在制度化文化的日常工作和生活裡，玩耍的價值常被忽視，而且欠缺。感覺上，這樣的心態在氣氛嚴肅的職場、總聚焦在悲劇和恐懼的媒體，以及預期災難將臨的社會裡，好像淺薄了些，而且會忽視錯誤和忽略了需要注意的事。事實是，在你們暫時性的肉體經驗當中，你們所聚焦的悲劇、恐懼或邪惡的存在，都只是一時的現象。然而，這樣的聚焦卻會使你們看不到其他事物，包括生命中絕大多數的美好。於是你們變得在日常生活中感受不到喜悅，你們創造的文化只有例行公事和絕望。

當你們覺得好玩有趣時，你們是處在最有創造力的自我表達當中；透過這樣的心情所產生的能量流動，你們開啟了連接更高智慧和指引的通道。當你們覺得好玩時，你們會放下屏障，不再想要控制，而是純粹讓能量在喜悅的表達中流動。這時你們會找到你們最真實的本質，以及你們和神聖智慧的最高連結。孩子們天生就常能體驗到這樣的狀態，童年因此是他們加速演化和學習的階段。但隨著年紀漸長，這種嬉戲好玩的心態越來越不被鼓勵，而且被視為不成熟的表現，他們的學習緩慢了下來，創造力也開始枯竭。在我們的星球，當我們找回童心，將玩耍的心態帶回文化後，我們發現，它不但可以強化個體的自我表達，也強化了合作的精神，以及與所有生命之間真實的連結感。

6.耐心——隨著科技的進步，生活的腳步也跟著加快。你們因此體驗到生活各方面都很急迫的錯覺。這讓你們無論是就個人或星球而言，越來越覺得時間不夠用。你們越來越沒有耐心，覺得需要立刻獲得滿足。等待，可以是像禪定般的寧靜時刻，卻也可以是滿腔怒火的受挫經驗。

在你們的社會裡，慢慢朝向個人目標前進的耐心不再被看作是優點，因為你們總覺得會有人後來居上。然而，創造不同，創造的過程需要時間匯集靈感，需要時間回應創造的頻率。對沒有耐心的人來說，一切就會像是慢動作一般，他們抱怨大家的動作應該加快些。

期待一切很快要有預期的結果，會使人們因目標一直未能達成而焦慮。但這樣前瞻想法的能量常被欣賞，因為他們被認為是創新者，會創造出你們世界所需的改變。然而，我們想提醒，頻頻盯著未來會讓身心承受壓力，不但影響健康，也會在那些**永遠看向未來**和**只想過好每一天**的人們之間造成巨大分歧。耐心並不只表示等待人生的發生，它也意味著瞭解人生是一直不斷往前的旅程，即使現階段的旅程結束，那也不是旅程的終點。

7. 允許——除了越來越沒有耐心，你們也想要控制。你們社會的許多問題都來自於想要控制所有事件和控制別人的病態需求。有這類性格的人，當事情失控時，身心會感受到巨大的壓力。雖然你們是所見一切的共同創造者，但這不意味創造就會一夜成形，或是你們一定要有一股不斷去使事情成真的衝動。

對於那些無法放棄要掌控的人，我們的建議是：想像你單獨在一條小船上，划著槳，努力朝上游前進。你很快會意識到，雖然你一直努力地划，但船還是一直往後退。請明瞭，你大部份創造的影響是來自你的意圖的能量。如果你透過意圖的能量場創造，然後將其他一切交給宇宙，你很可能可以得到平靜，並且事情也進展順利。

如果你表達了某個渴望或夢想，允許自己相信宇宙的創造者已經聽到你的心聲，你將開始隨時收到一些很有幫助的指引。如果你能對即將到來的事物感到興奮，而不是挑剔批評你已經創造出來的東西，你就會感受到充分展現靈魂的喜悅和豐盛。

把槳收起來吧，信任水流，偶爾再把槳放進水裡控制一下方向就好。當你允許生命變得輕鬆並順其自然地流動，你會發現事情變得更容易實現。

8.彈性——就像「允許」一樣，在創造的過程中保持彈性會產生一種自在感，移除了會造成許多痛苦的僵化期待。當人們對所相信或認為的是非、對錯和好壞保有彈性時，他們就能找到最好的方法，創造出慈悲和寬容的環境。在這樣的環境裡，人們可以是良善親切與互助合作的。

僵化的觀點、狹隘的預期、立場堅定的非黑即白，這些會對身心造成巨大壓力，因為自然的法則是在付出與獲得、直接與迂迴、可預期的他人行為和所謂奇怪行為之間的**平衡**。想像一下在跳舞、做體操和瑜珈時，你們身體的靈活流暢。如果身體硬是要保持僵硬，不願彎曲，那就不會有這些美麗的動作了。

你們的人生一定會提供各種不同的經驗，有時這些經驗充滿挑戰，為的是讓你們有機會成長、學習，並進化你們的身心靈。如果你們基於外在因素或表面經驗的刻板判斷，或

挫折，認為應該轉往較安全、較有保障的方向而逃避了學習，當面對更廣大的世界時，你們將會無法應對。你們可以稍做改變，但也保持初衷。做事有彈性並不會妨礙你們的正直和慈悲。你們有能力安度那些最困難的情況，而無需強迫事情照你們的意思發生。

9.開放的心態——練習保持彈性和耐性能讓你們的心胸開放。我們常發現，人類對於某些社會與世界事件常有著嚴格和堅定的看法。人們對是非對錯的認知往往很僵化，由此而生的批判使得心靈封閉，無法接收到能量資訊的流動。這些能量資訊原是對所有的生命開放。你們有些研究者、學者和醫界人士的閉塞思想，阻礙了他們看到許多人已經感受到的真相。他們頑固地認為只有某些生命現象是「真實的」，其他則是想像出來或是精神異常的產物，這樣的心態干擾了他們與神聖能量場，以及他人能量場的連結。因此，你們的教育、醫療和商業機構大都在助長一種封閉心態的現實觀，這個對實相的封閉觀念是基於你們易犯錯的大腦的詮釋，以及傲慢的批判立場。

保持開放的心態，同時運用辨識力，這會是你們生存的關鍵。

10.想像力——所有創造的過程都始於想像力。想像力就是意識直接與源頭和心靈的較高頻率連結的一種形式。所有的偉大事物就是誕生在想像力活躍的時刻，包括我們存在的宇宙。然而，想像力往往只被輕描淡寫為製造奇思幻想和歡笑的來源，和「真實的」生命經驗無關。當你們說某些經驗「只是想像的」，你們就是在否認與神聖源頭能量，以及高我能量的創造力最純粹和深刻的連結。當想像力透過自我表達、玩耍和創意而激發，你們便開啟了與神聖源頭的直接通道，所有的可能性都將湧入意識。

我們會建議你們，不要再輕視或貶低想像力，而是要全面地從童年教育到更高等教育，在職場和家裡，都要鼓勵發揮想像力。說故事、寫作、音樂和藝術，都是發展想像力的力量並瞭解想像力的重要的好方法。

什麼是你們星球居民的十大夢想或目標？

雖然我們已經克服了許多挑戰，免於步上毀滅的道路，但我們的個人夢想與目標和你們的並沒有太大差異。事實上，我們的經驗顯示，具有較高意識的實體生物所渴望的事物大都相同。

1.平靜的心——雖然我們透過改變社會大幅減低了日常生活的壓力，但還是有別的擔憂會干擾心情的平靜。我們持續擔心我們星球的未來，擔憂孩子長大後將面對怎樣的生活。也有的人想要回復某些舊有體制，但那些制度很具破壞性。我們也面臨資源越來越少的問題。由於先前的破壞，我們的土地並不穩定。雖然我們相信我們已經創造了有始以來最穩定的架構，但未來永遠說不準。很多人因此無法保持樂觀與平靜的心態。

2.人生目標——我們的社會非常鼓勵發掘和表達個人的天賦與才華。我們鼓勵所有的人去發現什麼能帶給他們最大的滿足與愉悅。有些人很容易就找到了，有些人則比較困難，他們有時會在生命的意義與熱情間掙扎。有的人只對某種特別工作或創作懷有熱情，一生都在追求和從事他們熱愛的事物。也有些人不是那麼清楚，要在嘗試過許多不同的職業與創造性的工作之後，才會找到並安於令他們最快樂的工作。還有的人一輩子都不確定自己的人生目標，他們變得沮喪，懷疑人生到底有沒有意義。

無論如何，我們是這麼認為：努力尋找目標的本身就是一種目標，因為它讓那個人在一生當中體驗了許多不同形式的自我表達。不過人們往往不這麼想，他們會渴望有一個能帶給他們充實和滿足的人生目標。

3.地位——自從沒有了金錢系統所創造出的階級制度和財富所建構的社會地位，有些人會渴望自己在社區裡有不同類型的地位。有些人成為領導者，而有些人覺得自己的能力無法達到較高地位，因此尋找其他方法得到大家的尊敬，以便感覺自己是重要的。這有時會造成角色個性上的衝突，因為這些尋求地位的人通常是被小我驅動，他們需要覺得自己很重要，而不是出於真心想服務別人。也就是這類性格使得我們先前的社會和制度往危險的衰敗方向發展。

我們已經發現，雖然我們能為公眾創造更好的新體制，但我們無法改變這個體制裡每一個人的性格，因此，即使在生活豐足平靜的時候，利益衝突依然無可避免。隨著社會對地位觀念的改變（不再看重），這些問題也逐漸消失，但偶爾還是會發生。

4.展現創意——之前提過，展現創意是表現自我表達能量的最好方法之一，這是我們的星球和物種演進持續往正面方向發展所需要的，因此我們很鼓勵星球上的所有住民發揮創造力。

當然，有些人很有創意，有些人則不覺得自己的創意達到某些標準，因此不太願意嘗試不同形式的藝術創作（無論是視覺或表演藝術）。對於這些人，我們鼓勵他們嘗試不同

於傳統藝術形式的自我表達，像是設計、科技，或是說故事，或植物園藝。即使如此，還是有些人會對自己的創意要求嚴苛，因此在表達時感到不自在。這個問題雖然也在減少當中，但我們希望能透過對創造力更寬廣的定義來去除這個問題。

5.透過愛得到幸福——我們發現，所有的生命都希望愛與被愛，這是共通的渴望。這個渴望存在於我們生命的核心並攸關我們的生存。愛的表達決定了我們生活裡的許多活動，雖然比起以前，我們現在對表達愛和情感較不受束縛，許多人依然在尋找愛，並也因此受挫。情感關係裡一定會有挑戰，但這些挑戰能讓我們更認識自己。關係裡的挑戰可能令人受苦、心碎，但即使充滿挑戰，我們的心還是想在彼此身上尋找最純粹的愛的表達。我們認為這些對愛的追尋，反映了我們想與**神的愛**連結的渴望，這個追尋也驅動我們在生活中與他人建立連結。

就如所有的社會，有些人比別人更容易擁有愛，有些人喜歡傳統式的關係，有些人則不想受限於那樣的形式。但不論哪種情形，愛與被愛的渴望都是讓我們在工作、社交生活和個人關係中前進的動力。

6.更穩定的環境——如我們先前所說，我們居住的星球環境很嚴酷，我們必須長時期避免到地表活動，這讓那些渴望戶外的人覺得辛苦。他們期望一個能更自由享受戶外環境，不受到這麼多限制的地方。

一直以來，有些科學推論認為我們能改變環境，然而改變的方法都有風險，我們一直不願意去進行那些實驗，但我們仍舊夢想我們的星球能夠擁有像你們地球一樣的宜人環境。

7.透過他人與源頭有更深的連結——我們這些在宇宙裡跟其他生物進行溝通工作的，都是希望帶引大家與內在神性有更深的連結，而透過這個工作，我們本身與源頭的連結也更為深化。我們希望實現內心最高的召喚，實現靈魂將靈性經驗帶到肉體／物質層面的渴望，透過將靈性知識帶給大家，我們重新了活化自己的精神／靈性本質。透過讓別人認識並運用他們自身的力量，我們也更認識並運用自己的力量。

我們確實相信，經由服務他人，我們實現了自己這世的真正召喚。我們在做的，是當具有身體時，所能做的最高的心靈工作。我們知道宇宙裡有許多生命被召喚做這個工作，這是莫大的榮幸。

8.一個新的家園星球——我們的旅行有部分目的就是在做這方面的研究。我們觀察別的世界，除了想傳播知識和智慧，也是在觀察其他星球是如何運作，別的世界是如何處理類似我們面對的挑戰。

我們星球上有很多人覺得，離開這裡到另一個適合生活的星球的時候快到了，但我們這個團體不認為這是處理我們面臨的環境挑戰的唯一答案。我們正積極尋找別的辦法，以備未來之需。至目前為止，我們還沒找到適合移居的環境，但我們也沒有排除這個方案和可能性。

9.對宇宙法則的更深瞭解——透過我們星球上的挑戰和制度的轉變，我們學到許多與神性連結和表達的智慧，但我們知道仍有許多要學習的東西。我們除了觀察自己的星球和物種的演化，也觀察其他的世界。我們越來越意識到**所有物種、所有系統和所有世界之間，都透過一個錯縱複雜的能量網絡彼此連結**，這個網絡連結了所有的能量與經驗。這些連結的複雜度很有趣，有許多面向我們仍然不了解。

我們雖然知道神聖計劃裡有些層面是我們永遠無法理解的，但我們仍然渴望繼續研究和探索，除了希望能更瞭解這些關聯，也希望能運用我們的理解，為遇到的每一個生命帶來更強的合一感、平靜，以及對自我的認識。

10.美——正如你們的文化，我們也會被美麗的事物吸引。每個人對美的概念雖然不同，但美的某些特質是共通的。比起你們星球的豐富多元，雖然你們可能會覺得我們的星球平淡荒涼，但我們很習慣在最平凡的事物裡發現美，而且我們天生就喜歡觀察各種不同的美麗事物。

我們觀察到一個有趣現象：身邊被豐富多元的美麗、驚人色彩與形式所圍繞的人，往往會把美的事物視為理所當然，他們比較不會在生活中尋找美並從中得到啟發或靈感。反觀那些身邊比較缺乏美麗事物的人，卻很喜歡在平淡中尋找和發現美，並因此得到很大的樂趣。

我們帶著驚奇和愉悅的心，持續觀察宇宙中不可思議的豐富和美麗。我們從所有令人愉悅的事物裡，看到了神性的存在，尤其是在不見得符合普世美感標準的事物裡。

在身體、靈性和心理或其他方面，你們面對的十大神秘是什麼？

1.我們的起源——你們的世界有豐富的資訊解釋你們物種的演化，但我們並沒有許多資料可以解釋我們的物種演化或我們如何來到現在這個星球。我們的祖先沒有留下什麼遺跡，但一代代流傳下來的故事確實提到祖先居住的另一個世界。我們相信，在某個時期，我們這個物種由宇宙的其他地方移居到現在的星球，但我們沒有任何實際證據可以證明我們的來處，或是何時，以及如何移居來此。我們的身體結構顯示我們曾是半水棲，曾經較適應水域的生活，但我們現在的星球環境並非如此。

2.其他物種的起源——我們在宇宙遇過很多不同的生命物種。雖然有關這些物種的演化有許多推測，但因為欠缺證據的連貫，這些演化都有些不清楚的地方。在我們看來，你們的物種也是如此。你們的科學家用假說來填補這些理論的空隙，大家也就接受並當作事實。然而，這些「事實」只是猜測而已。雖然我們已收集了許多和宇宙相關的知識，但我們仍不確定某些物種是如何產生，也不知道是什麼力量讓它們那樣演化。

3.我們星球的起源——有證據顯示，我們的星球曾經是更大的星球的一部分，後來因某種撞擊或爆炸而破裂脫離。各種太空碎片顯示，我們的太陽系曾發生巨大事件，這個宇宙事件改變了許多星體的結構並創造出新的星球，包括我們現在的這個。科學家相信，原本的星球環境比較不那麼惡劣，因為它的軌道離太陽較遠。有推測認為，原先那個巨大許多的星球大氣可能跟你們地球的大氣層有些類似。我們不確定原本的星球是否曾經存在有意識的生命形態。有科學探討顯示（運用你們所稱的遙視），原本的星球植被茂盛，上面也有許多生物，但因某種宇宙災難而毀滅。

4.某些植物的耐受性——照物理法則來說，植物無法在我們星球這般艱困的環境下存活，但某些植物卻能蓬勃生長和繁殖。它們似乎演化出某種錯縱雜的系統，即使植物看起來已經死亡，但在原子層面，它們還是活的。當環境較為適合時，這些仍有生命的原子結構便足以使植物再生。這個有趣和神秘的過程令我們的研究者困惑不已。

5.DNA結構的改變——你們的科學家都知道，DNA是所有生命形態的建構基礎。DNA結構也同樣決定了我們星球上的生命特性。就如你們的研究，孩子的DNA應該和血親父母的ＤＮＡ相符，然而，我們發現越來越多孩子的ＤＮＡ結構越來越不像父母的ＤＮＡ。針對這類異常現象所做的研究，顯示我們的物種正在演化。這樣的變化在父母的ＤＮＡ並不明顯，但孩子的ＤＮＡ卻呈現新型態的遺傳密碼。孩子的遺傳物質似乎是在這個特定時期隨我們星球的環境和物理結構而有的突變。我們會持續研究這個現象，但目前我們無法確定這個改變的性質，也不知道這個改變是如何被寫入ＤＮＡ的結構裡。

6.其他世界的生命——當我們在宇宙進行非實體的旅行時，曾在一些星球上看到實體的建物，它們看起來像是由某種智慧生物建造，但我們並沒有看到任何生命形態。我們不確定這些生命發生了什麼事。或許他們沒能在艱困的環境中存活，也可能死於某個宇宙事件。總之，我們在好幾個這樣的星球都沒能辨識或察覺到任何有意識的生命。

7.宇宙的力量——宇宙裡有些力量是你們的科學家還沒能定義和歸類的，但我們發現它們對你們和我們宇宙銀河的星體運行和軌道都是很重要的因素。這些力量的運作跟引力和磁場無關，它們以我們不明白的規則使天體運行和擴張。我們已經找出許多以前不知道的宇宙力量，但宇宙裡仍有太多神秘可讓我們的科學家和研究者忙個不停。

8.精神意識——當我們以精神能量的形態在宇宙旅行，我們遇過其他精神形態的生命。它們有很多是非實體的生命，有些是已經離開肉體層面的靈魂，有些是更高層次的存有。也有一些是我們之前不曾接觸或命名過而無法辨識的。這些生命能量有的像是自實體世界發出，有些像是從未轉世到實體世界。這些生命體對整個宇宙的能量平衡有很重要的意義，我們覺得他們的能量很有趣。

9.我們的視覺——我們的星球有許多居民的視覺發生了某種因遺傳或環境而引發的突變。他們發現自己對環境的視覺感知改變了，顏色、光線和深度都起了變化。這個新現象令剛體驗到的人感到不安，然而適應之後，他們發現他們能看到以前的感官所看不到的面向。我們認為是環境上的某種改變導致這個變化，但這點尚未被確認。

10.你們——我們覺得你們這個物種很有意思，我們很喜歡你們。雖然你們的經驗裡有很多面向我們並不完全理解，但我們覺得很有趣。我們也是有情緒的生物，可是你們卻能在短時間內經驗到許多不同的情緒，這讓我們很訝異。我們對於你們有些人很擅於欺騙也感到不可思議。事實上，我們發現這個特質在你們的星球很普遍，而會說出內心真正感受或所經驗到的事實的人卻很少。這並不是說我們的物種沒有類似傾向的人，而是你們之中有些人會無所顧忌的持續說謊和虛假的程度令我們驚訝。

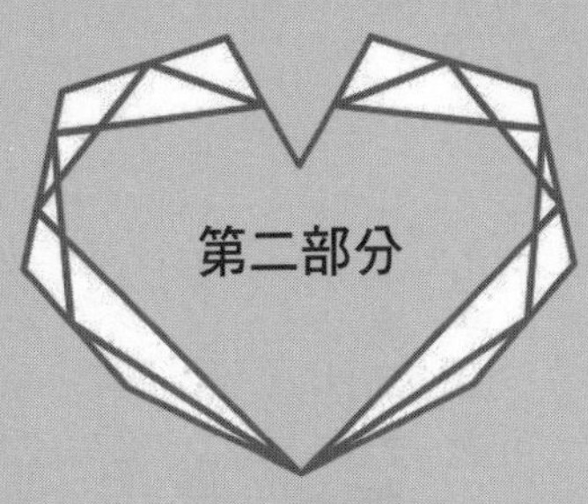

地球上的生命

我在這部分的提問是想看看弗蘭克對我們人類的了解，他們知不知道人類的經歷，同時也儘可能從他們那裡得知更多的地球歷史和地球在宇宙創造裡的角色；這些是我們尚未從研究和自省中得到的資訊。

地球曾經有多少個文明？

從我們無限的靈魂面向，我們能看到在你們星球上發生的許多歷史事件。正因為我們瞭解你們星球的演進，我們想在這方面協助，對你們現在正前往的方向表達看法，並告訴你們可以做些什麼來改善既有的行進路線。

在你們的歷史上，許多人瞭解，透過操控能量便能控制和利用非常強大的力量。金字塔的構造和地球上其他的巨石結構就是證明。這些結構的神秘性是被刻意留下的，許多神秘現象圍繞它們發生。也就是因為神秘，才促使你們去探索和發現。如果沒有某種未知，就不會有好奇，發展便會停滯，這對任何體制都很危險，因此我們建議你們對四周的世界要保持一定程度的敬畏與驚奇。

地球的早期文明發生了什麼事？我們現在在地球各地看到的古老且神秘的廢墟是怎麼回事？

你們要瞭解，宇宙裡源頭能量的能量表現是持續有起有伏的。這些能量會以物質層面各種不同層級的形式表現。在這些層級裡有植物，有簡單生物，以至到具有高度智慧和靈性進化的多種不同的生命形式。這些生命都是來自源頭，都是源頭能量的神性展現。每個生命也都有自己的表現方式，並且影響周遭的所有生命。因此，高度進化生物的存在並不比一棵樹或花叢來得更偉大。這不是說他們的能量是在同樣層次，而是說他們的意義或目的不見得更偉大。

因此，當你看到大自然的力量，以及大自然裡許多不同形式的意識，你會明白這些生命體都在意識創造的網絡裡持續經驗某種演化、某種蛻變和某種變化。正是這種持續的能量演化使得實相生氣勃勃。在演化時，有時你們會失去某種生命形式，它們從你們的實相能量場裡消失了。當植物或動物消失，你們稱之為絕種。然而你們要知道，能量絕不會消失，能量不可能消失。正是透過絕跡，新的生命形式才會出現，而源頭有了另一個新的表現形式。也正是因為這樣的進程，你們人類和其他物種才會出現。

因此，在地球的不同時期出現的每一個高等文明，都在你們世界的演化裡有其意義，他們的消失也讓其他形式的能量表達能夠出現。但這些生命體並未真的消失，就像任何靈魂不會消失一樣。他們透過不同形態的實體形式和精神體來表現他們能量的創造力，而且你們的星球仍能持續感受到他們存在的影響。因此，源頭所展現的任何實體存在都不會白

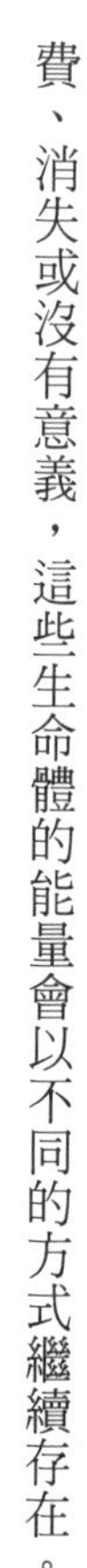

費、消失或沒有意義，這些生命體的能量會以不同的方式繼續存在。

請記得，在靈魂的層次上，除非自己願意，沒有任何生命會死去。這些文明同意在這個實體界域短暫出現且留下影響，他們樂意這麼做而且尊重這個經驗。每個生命都會留下痕跡，而這些文明讓你們的生活得以在此刻以現有的方式存在。

可是這些高等文明從哪裡來？它們又去了哪裡？每個文明都是從之前的文明演化而來的嗎？之前的古文明都毀滅了嗎？到底有多少個古文明？四個、四十個、四百個？

我們需要用很多頁文字才回答得完這個問題裡的許多問題。我們會儘量簡潔回答。在你們人類的演化史裡，許多突變都涉及不同物種的遺傳結構和智力。雖然現在居住在地球的人類物種的許多基因突變是自然發生，但物種的演化是穩定且逐漸進展的想法並不一定正確。

要回答他們的起源，必須想到你們星球所有人類物種，事實上，甚至是宇宙裡所有生命的起源。一個物種或屬（genus）的出現涉及很多能量的影響，演化只是方法之一，而且還是不太可靠的方法。我們確實可以說，渴望、思想和愛激勵並促使了創造的念頭。創造的力量雖然永遠都是來自源頭，但方法卻很廣泛。大多數的假說和推測都有某個程度的真實性，譬如有人相信有超凡的力量干預、有人認為遺傳物質的突變是超自然力量的介入，以及人類和外星人曾經交配等等。這些說法都有部分屬實，但不是那麼容易說得清楚。我們在這方面的知識雖然可以寫上一本書，卻仍不足以正確地呈現真相。

我們只想你們知道，這些「高等文明」的出現是源頭能量的延伸，就如你們的文明一樣。目的是將源頭的面向之一帶到實體的存在，也就是以實體的方式展現源頭的其中一個面向，這是某種實驗，是源頭透過它無限的能量組成，顯化為你們眼中的現實世界的方式。

因此，如果你把這些文明想成劇場演員，把他們看做是在你們的實體世界的整體演化過程中的某個角色，然後也這樣看待自己，把自己也當成演化過程中的一個角色，那麼，有些源頭衍生的能量表達可能在很短的時間裡活出目的，演完自己的角色，有些則要花較長的時間找到目的，這都是演化的自然部分。這些文明各有其所，但因許多原因而無法延續。最主要的原因之一就是他們已經到達他們演進過程的終點。也就是說，他們的社會已經到達了一個階段，任何更進一步的發展都會超越當時地球演化的界限。或許是不會有足夠的資源可用，或是當時的科技或製造已無法滿足他們智力的需求。

顯然地，地球本身的演化和各種生物及人類文明的演化必須和諧存在，物種才能持續發展。你們現在在你們星球看到的某些物種滅絕，就是因為牠們的存在與地球和人類住民並不和諧。當有些物種滅絕，你們也會看到新的物種誕生，這些物種更適合在艱難的地球上生存。

你們必須瞭解，每個生物對地球貢獻的能量都非常重要，但地球會改變，這些能量和需求也會改變，因此你們會發現，某些物種不再和你們世界的能量共鳴。絕種確實會引發失落與哀傷，但這無法避免，改變還是會持續發生。無論如何，繼續你們保護生態的工作，儘量保存所有的物種，同時也要知道，在你們星球的自然演化過程中，失去某些能量是必要的，就如地球需要新能量的表達一樣。

每個先進文明都對地球演化和人類留下巨大的能量影響。如果沒有他們，你們的世界不會是現在的樣子，這個說法也適用在你們個人身上。每一個生命和每一個死亡都有意義。每個接續的文明都是建立在前一個文明的廢墟之上，但之間的關聯或許不是那麼明顯。就像你們進入了這一世的肉身，但你們對來處不復記憶，而你們的物種意識對之前的文明亦不復記憶，這樣一來，新的生命和文明才能在發現和驚奇中體驗生命。

你們的地球曾經有過幾百個不同的文明，但可以確定的是，你們的研究只發現了其中一小部分而已。

是誰建造了埃及有名的吉薩金字塔群？為什麼要建？如何建的？我們可以從金字塔學到些什麼？如果你們願意回答的話，請問人面獅身像是金字塔群的一部分，還是完全不同的建築？如果是不同的，為什麼要建人面獅身像？又是誰建的？

這是個需要很多頁說明的複雜議題，但只說這句就夠了——許多看似的奇蹟是透過絕對的意志力和獨創性所達成。你們每天都可以看到類似的例子。不要忽視人類心智的力量，而以為是某些超自然力量的介入。當人類心智被適當激發，會有它自己的超自然能力。

有關我們傳說的大腳怪、小精靈、小矮人、尼斯湖水怪、吸血怪獸等等，你們知道什麼嗎？

你們的世界有很多神秘事物，透過神話、恐懼和對未知的熱愛而不朽。有些是基於事實，有些則完全是幻想，但那無法否定它們在你們星球口頭相傳的強大影響。我們知道在你們的大海深處住著非常龐大的生物，一直以來都存在著，但我們不認為你們對這些生物的描述是正確的。蘇格蘭尼斯湖的生物只是溫和的大蛇，現在還有好幾隻住在湖底深處。牠們純粹是從史前時期遺留下來的實體生物。你們的傳說裡有被誤以為是神秘生物但其實是基因突變的動物，像是雪人（yeti），還有被稱為大腳怪（Bigfoot, 也稱北美野人）的類人猿生物。無論如何，很多聲稱看到這些生物的故事只是為了延續神話和神秘感而捏造出來的。也有些人接觸或看到的是刻意偽裝的外星人，他們來地球研究你們的星球。許多外星生物有能力改變人類的經驗認知，目擊者因此認為自己看到的是神秘的地球生物變種，而不是來自外星的生物。他們這麼做的目的不是要傷害人類或是讓人類感到害怕，純粹是為了能繼續來地球研究，避免被抓的風險，也不造成大眾恐懼。來到你們星球的外星訪客不想傷害你們，但他們對你們的恐懼情緒可能不是那麼理解。

有些生命體，像是仙女、小精靈這類特定形態的自然界精靈，只以非物質能量的形式存在，但在合適情況下，特定的人可以感知到它們。宇宙中存在著很多不同類別的靈體，它們有不同的生命體驗，和你我的實體存在非常不同。宇宙充滿了這樣的能量，它們全都與源頭連結，也都是源頭能量無限表達的一部分。許多這樣的能量是文字無法形容的，但我們還是會試著去定義和標記分類，因為我們天性如此。我們會建議你們把這種能量看作是宇宙的偉大奧妙和源頭無限創造力的證明。

比起其他世界，我們算是比較原始的嗎？

我們不認為你們的世界原始。事實上，我們對你們在這麼短的宇宙時間裡不斷進步感到印象深刻。我們瞭解少數人努力想創造改變，卻必須面對因權力而腐化的當權者洗腦社會的辛苦。然而，我們想向你們保證，正是這個改變的渴望，終將戰勝那些當權者的狹隘觀點和他們所引入的歧途。

腐敗的掌權者的力量是短暫虛幻的，不是真實的。他們戰勝不了那些動機清晰且純正的人的決心。你們有些人很努力地在自己的生活和你們星球的能量場創造改變，這樣的熱

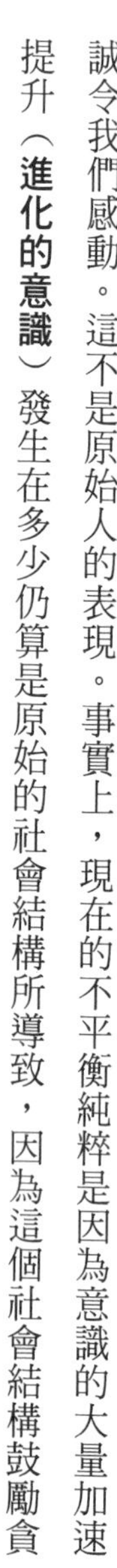

誠令我們感動。這不是原始人的表現。事實上，現在的不平衡純粹是因為意識的大量加速提升（**進化的意識**）發生在多少仍算是原始的社會結構所導致，因為這個社會結構鼓勵貪婪和濫用權力（**尚待進化的意識**）。

我們看過宇宙其他文明形式的快速滅亡，但我們也知道，從來沒有任何的生命形式會被毀滅，因為生命會以非物質的形態繼續存在並持續進展，協助宇宙能量回歸源頭。

你們可以具體說說亞特蘭提斯的起源與滅亡嗎？它真的是所有早期文明裡最偉大（最大、最長時期、最先進）的嗎？

我們認為比較地球曾經出現的許多文明對你們並沒有益處，因為它們個別都對地球的整體演化和進步有很大貢獻。亞特蘭提斯只是被研究古文明的人特別注意罷了，因此它的重要性被誇大了。在宇宙的宏偉計劃裡，亞特蘭提斯的存在期其實不長，不過影響相對強大，而它的生命表現與你們的文明相當。

據說，亞特蘭提斯人知道如何運用水晶的能量，這是真的嗎？我們在地球上找到的水晶跟你們那邊會散發能量的水晶一樣嗎？我們要如何利用水晶能量？透過思想？還是只要握著或佩戴水晶就會有幫助？

亞特蘭提斯人確實知道如何利用水晶能量和每個人都能接觸及運用的自然能量場。你們有些科學家也瞭解水晶能量的力量，但這些發現被揭露的非常有限。隱瞞晶體能量的因素很多，我們只想說，你們需要多瞭解你們的大地生成的物質所具有的力量，這些物質跟化石燃料相比，不但能量可以再生，而且對環境也較不具破壞性。

在你們地底發現的水晶，在結構和成分上都跟我們星球的水晶類似，事實上，宇宙所有星球的物質能量在結構有許多相似的地方。但就如沒有任何個體是完全一樣，水晶雖然有許多特性相同，也有很多有獨特的特質，這要看產生水晶的環境條件而定。它們具有的不同類型的能量有多種用途。運用水晶產生足夠能量來供應你們世界的能源需求是可能的，但所需要的配套設備目前還沒被大量生產。原因並不是沒有足夠的知識，而是因為資訊被隱匿，以及水晶能量的研究被強大的企業體壟斷之故。

水晶能量可以和太陽能合併使用，晶體分子的幾何結構會放大太陽光能。某類型的水晶最適合這麼利用，有些結合別的水晶還可以達到更大效應。我們星球的水晶雖然跟地球所發現的不同，但我們認為你們使用地球上已經發現的水晶也能達到同樣效果。你們某些物理學家和科學家已經透過這方面的實驗得到很棒的結果。我們相信，隨著你們星球正在發生的意識轉變，越來越多人會要求真相，這些資訊最終會被揭露。

使用水晶是提升並清理自身能量場的好方法。如果水晶能引起你的共鳴，我們鼓勵你探索這個領域。你們的文化雖然長久以來就知道水晶的力量，卻不總是相信。如果你們被水晶吸引並使用它們，你們會發現，只要隨身攜帶或放置在身處的空間，它們便會產生顯著的效果。

你們可以指點我們如何運用其他的宇宙能量嗎？尤其是那些最容易取得的能量。

最容易取得的宇宙能量就是你們本身已經擁有的能量，但這些能量卻是最少被使用的，因為你們的文化灌輸你們去懷疑這些能量。思想的能量就是最好的例子。麥克，你的工作和教導對這點就有很廣泛的檢驗與探討，你也不斷在強調思想的能量。我們希望你們應用同樣原則去瞭解並尋找所有你們可以取得，但因不符地球上的普遍信念而不被廣泛使用的其他能量型態。就如所有的改變要先從自己開始一樣，當你們掌握了本身的神奇能量，你們自會找到方法去運用自身之外的能量。

身為擁有無限創造力的能量體，你們必須往內檢視你們對自己的力量抱持怎樣的信念，並且找到力量的證明。你透過思想的力量顯化了什麼？我們相信你可以看到很多證據，但你要如何更進一步運用這樣的能量？

你們要如何運用情緒、言語和行為的力量，創造出與你們渴望的事物和諧的能量流呢？這些答案都包括在我們的提問者麥克的工作和著作裡，因此我們就不再重述。我們鼓勵所有讀者經常實踐所知的方式。這會是你們如何運用身邊可及的神奇能量的開始。

接著，就是將同樣原則應用在其他能量形式的問題了。太陽的能量已被廣泛使用，隨著你們看到它的好處，這類再生能源，像是風力和水力發電的使用會在有合適條件的區域越來越普遍。有些能源你們還沒深入研究，包括熱能、冷能、專注思想的能量，還有成長的能量（像是植物的生長）。磁能有受到些注意，但它的潛能在你們的星球上還沒被完全認識，引力和你們太陽系行星軌道的能量也都還沒被了解。

雖然我們不會用科學名詞為你們解釋這些現象，但我們可以保證，你們還可以發現很多不同的能源並加以利用，你們在能量方面也還有得學習。但這要到你們不被現有的信念

束縛，而且企業願意投入資金和資源研究後才會發生。你們現在才剛開始觸及可用能源的皮毛而已。

你們可以解釋一下你們說的「專注思想的能量」嗎？是指什麼？要如何產生？我們如何控制那個能量？

許多冥想技巧非常純熟的瑜珈士和其他人士，都能夠有意識地操控身體的能量，他們也曾多次示範過這個力量。

能量療癒、以專注的能量連結他人，還有像是念力和思想感應等現象也是使用同樣技巧。要達到這樣的能力需要精通**專注**和**放鬆**的技巧，有了這個能力，你們與高我和其他生命形態（不論是實體或純能量）連結的能力也會增強。

你們星球的科學才剛開始要理解心智能量的力量。從運用心智能量的靈性導師身上，你們可以學到許多知識。

我們在靈性進化方面還能進步多少？

靈性進化是無止盡的；它是源頭的表達，而源頭是無限的。無論你們是在哪裡或如何體驗物質生命，那都只是你們靈性存在的一個微小而神聖的部分。你們是多次元的生命，你們同時透過多種形式的存在表達自己，每一個形式都提供你們大量獲得知識和理解的機會。即使是在這一世看似沒有進展的生命，一旦靈魂回到來處，也會因這次物質生命的體驗而經驗到巨大改變。所有生命都有這樣的機會，每個靈魂所經歷的肉體生命也絕對不會白費。

這個宇宙充滿能量，它的無限本質對於正在經驗肉體生命的人來說，實在很難理解。事實上，我們雖然曾經感受過這個絕妙無比的宇宙經驗，但對於宇宙的無限本質也還不是全然理解。

地球人和外星人是不是很快就會有實體的接觸？

已經發生了，而且持續地經常發生。但是，你們的社會一直汙名化這類經驗，報告者

往往被貼上精神不穩定或說謊的標籤。也有一些接觸者經驗到認知上的改變，但只隱約記得有過不尋常的經驗。造訪你們星球的訪客都知道，如果被發現並不是什麼好事，因此他們會用各種方法避免被偵測到。於此同時，他們也透過研究你們豐富多元的景觀環境而持續獲得知識。

除非你們現有的體制改變，對接觸外星生物抱持開放心態，而且不認為是種威脅，否則與外星生物的公開接觸就不會發生。很顯然的，你們的文明就整體而言，還沒有準備好。曾有過外星接觸的人往往因此感到困擾；翠西就認識一位有過這類接觸的人。

在你們能夠理解宇宙能量的概念並接受其他生命和你們同樣神聖之前，這些外星接觸經驗會被負面詮釋，而不被普遍支持和接受。

當完成了今生要做的事，我們是否有可能提升振頻，然後消失，不再經過肉體的死亡？

這個概念和物質層面的死亡相去不遠。死亡只是靈魂脫離肉體，不復存在於身體裡（在某種意義也是消失）。靈魂的本質永遠不會改變、消逝或死去，但所有物質事物和肉身最終都會。

當你們還在物質層面，仍具有身體的時候，是靈性進展的大好機會。接受死亡是生命的神聖經驗而非悲傷的結局，是所有文明朝向靈性進化最具轉化性的步驟之一。因此，即使是在肉體時振頻便已提升到最高振動的人，仍須體驗傳統意義的死亡，因為這是宇宙進化過程的一部分。

你會怎麼建議人類活得更健康？

身體健康的關鍵在於**平衡**。回到更親近大地的生活方式是有益的，但這不表示要忽視你們在營養科學方面的進步。覺察身體的週期和節律很有幫助，但這要個別看待，因為每個人的頻率必須被考量進去。營養學和醫學領域往往忽視了個人的振頻，而把健康當作群體議題，對病不對人地開出治療處方。

每個人都必須評估自己的感受，對自己的健康和身體節律及週期要很敏銳，這點非常重要。你們的醫療雖已有很大進步，但也變成以疾病為主的模式，而這個模式又透過恐懼和依賴醫界的心態不斷延續。診斷常會創造出疾病，而對死亡的恐懼往往又阻礙了治療和

康復。所有能使能量健康的療癒形式都可以成功地和傳統醫療整合，創造出全人式的醫療來協助療癒，而不是促進疾病。

你們就是自己最好的醫師，你們要意識到你們能夠在能量上療癒和支持自己的生理系統。

在之前的對話，你們提到地球上現在有治癒囊狀纖維化（cystic fibrosis）的初步方法，可是企業為了利益而隱瞞或拖延了下來。你們可以更進一步說明嗎？

在醫藥與科學界的領域，有多少問題就有多少答案；當一個問題有了答案，另一個問題就又出現。你們對事物的瞭解也因此不斷在變化。就像你們的渴望會促使你們設定目標和行動，而面對肉體的挑戰會使你們採取行動去找到答案和治癒的方法。這是生命的自然流動，這樣的能量流動讓你們彼此的能量交流，也與你們所屬的社群交流。

然而，肉體生命的某些面向就是會抗拒發現答案，因為沒有答案的問題會創造需求，而這些需求可以滿足貪婪。也因此，在一個充滿需求的社會裡，總有人想要把口袋裝滿。這並不是說多數的醫療和科學研究者是被貪婪驅動，但他們確實獲得經費的資助，這創造了一個使人們持續留在生病狀態的氛圍，病人所倚賴的是減輕病症的藥物，而不見得可被治癒。

你們已經瞭解囊狀纖維化的遺傳傾向，而且也有過很成功的人體實驗。這些實驗所用的突變基因在體內形成某種連鎖效應，減緩了生病細胞的過度生成，而且也產生健康的新一代細胞。由於你們的社會裡有以疾病和治療為主，並有系統地支持疾病所建立的產業，而不是支持病人（以病人為主），因此很少有資金會投入在那些實驗性或尚未被科學證實的治癒方法。

可以肯定的是，那些決心發展治癒方法的人有堅定的意志，因此這些方法不會被隱蔽太久，很快會有更多人知道。這也會促使更多的公眾要求公開，以及強烈反對造成資訊隱匿的貪婪。其他高危險的疾病也是同樣情形。許多針對這些疾病的藥物和治療都只是治標不治本。

那些選擇經由肉體轉世，將這些疾病帶到你們世界的人，他們完全知道自己要面對的挑戰。他們來到地球是為了讓大家瞭解慈悲、健康與貪婪的議題。他們透過身體的病症讓

你們注意到這些議題，以便能修復相關體制[2]。

談到智力（情緒和心智上的），我們似乎很多人都缺乏。我們在思想上很怠惰嗎？

我們會建議你們放寬對「智力」的定義。我們發現你們對「智力」的概念太受限，往往否定了內在的知識。這些內在知識和你們的生活經驗同樣重要。

長期以來，你們對智力的想法過於狹隘，只包括傳統的學習、教育、遵循既有的規則，以及對世界及宇宙有限理解的概念。不重視這類傳統知識的人不見得不聰明，事實上，他們的目的可能正是要拓展你們對世界的看法，讓它包括更本能的知識，像是社交溝通的形式，以及不被傳統知識限制而產生的更深度連結。那些意識看似在較低狀態的人是刻意以那樣的方式體驗世界；那是他們的神聖道路，對他們本身和你們世界的經驗都十分重要。你們不能根據傳統教育和狹隘的有限知識來決定經驗的價值。意識的表達有許多層次，它們都很重要也很有價值，無論是傳統的智能、情緒的表達、心的溝通，而就算沒有你們人類文化中重視和強調的較高等大腦功能，僅只是一種存在的感覺，也都是有價值的。宇宙智慧遠勝於任何形式的大腦功能，當你們不再受到大腦的生理限制，就會回到宇宙智慧。

懶惰的概念比較是跟較高形式的意識失聯，因為較高形式的意識會驅動你們更高階的表達。透過社會對大眾的制約，這種對較高形式意識的淡漠或缺乏興趣變成了懶散怠惰，但如果你們能意識到並探討自己身為較高存在的意義，就不會自滿於強調以大腦為主的智力了。

我在非常少的人身上注意到一種獨特能力，他們能提升自己的智力到遠超過他們天生智力的層次，因而大幅提升了生命品質。可是大多數人完全沒有這個能力，因此相對來說較為不利。這個能力是什麼？是智慧？還是生活經驗的累積？是努力得來的嗎？還是通靈現象？這是那些人的天命嗎？

你所說的智力完全不是我們會認為或稱之的智力。我們所認為的智力是覺察到自己的辨識力所具有的力量、覺察到自己與神性智慧的連結，以及覺察到自己的內在智慧。這些

2 作者註：這不是針對任何組織或業界的指控，我們也沒有再向弗蘭克詢問更多資訊。因為我們非常清楚，他們只會透露必要的資訊，啟發我們向內心探索並對外尋找。

都有無限潛能可以提供你們答案、協助和指引。這類的意識雖然很罕見，不過，我們發現它在你們的星球有成長的趨向，這跟目前發生的意識轉變有關。

這種意識在那些已經探索內在，對自己有較深瞭解，知道自己是神聖能量的延伸，而非與神性分離的個體身上最為強烈。對許多人來說，這不是容易掌握的概念。有些人以為自己懂了，但頑固的意志仍會緊緊抓住讓他們感覺安全，不那麼需要為自己生命負責的舊有信念。他們覺得這樣的無知比較舒適。在你們的社會，這種行為常常得到獎勵。

這樣的「智力」本質除了對擁有並運用它的人之外，其他人並不覺得有益。對無意於此的人而言，培養這個能力（也可說培養智慧）看似浪費時間，隨波逐流反而顯得輕鬆許多。這個情形跟我們早先談到的懶散有關，但更可能是來自某種長期信念——認為人類是無法主宰自己命運的受害者，活在充滿瑕疵的世界裡，身邊都是難相處的人，而且還不斷要面對各種無法克服的難題，像是健康、情感和工作問題。這種無意識的隨波逐流的態度雖然無法創造快樂，但可以讓大家覺得得到解脫，不必再承擔更多的責任，他們於是可以繼續倚賴別人來解決他們的問題，或得到別人的同情。

所有生命都有內在的神性火花，但不是每個生命都會選擇意識自己的神性，並且願意更深入探索。這是設計如此，那些看似在夢遊的人們，對你們星球的社會結構平衡其實有它的意義。

有神聖智慧，就有無知，就像沒有無意識就沒有開悟一樣。那些選擇缺乏覺知意識的人並非做出糟糕的選擇，他們為身邊那些也在思考你們所提問題的人提供了有價值的看法。他們代表的是世上的不同觀點，對於踏實追求真理、與內在靈性較連結的人而言，他們的觀點可能幼稚或荒謬可笑。然而，正可能是他們的無知，驅使了別人探索自身的意識與智慧，並對自己和他人提出更深刻的問題。換言之，當我們的生命出現那樣的人，我們可以選擇更深入地探索內在，而不是過度陷入別人的問題。

這些人雖然會挑戰你，你甚至會因他們而浪費過多時間，或因此阻礙了你自身的發展。請瞭解，你的工作對所有的人都有深刻的影響，甚至是對那些有困難了解和吸收這些內容的人。以深刻真理和愛所寫下的文字，能量將與每個人共鳴。甚至是那些從未看過你寫的書，或從未探究過宇宙神秘的人。這些人提供了任務給像你一樣的光行者。他們是還未接觸到真相的一群，事實上，他們可能在這一生都不會接觸到，但這只表示他們生命道路的設計有其他目的，卻也同樣重要。

要知道，你在這個世界所做的工作，特別會吸引很多向自身之外尋求真相的人，因為他們看不到內在的真相。這表示你每天都會接觸到許多缺乏覺知或智慧的人，你因此覺得

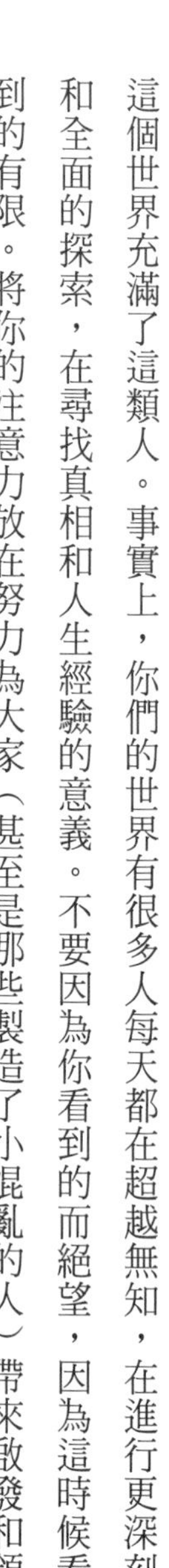

這個世界充滿了這類人。事實上，你們的世界有很多人每天都在超越無知，在進行更深刻和全面的探索，在尋找真相和人生經驗的意義。不要因為你看到的而絕望，因為這時候看到的有限。將你的注意力放在努力為大家（甚至是那些製造了小混亂的人）帶來啟發和領悟的人們。他們幫助你看到了哪些地方還需要努力。

地球上有其他物種可以進行哲理性的思考嗎？有其他物種想過自己為什麼存在嗎？如果有的話，是哪種動物／物種？你們曾經和牠們有過雙向溝通嗎？

你們的世界有很多不同層次的智力生物，雖然這個智力不見得符合你們一直以來對於智力的信念或想法。

所有的生物，從最簡單、最小到最複雜的，都有超越大腦設計的某程度的意識和對自身存在的覺知。牠們生來就對存在的本質有內建的知識，有些生物對這些知識不會質疑，也不會去思索，牠們純粹是接受存在的事實。雖然牠們也有過去的經驗與對未來的預期，但這些生物大都活在當下，牠們會依據當下的需求和經驗調整行為。

也因此，你們所養的寵物大多是最棒的老師，牠們教導你們從一個當下到另一個當下的重要與價值。這是為什麼你們天生會被這些動物的能量吸引，因為牠們不會坐在那裡後悔、擔憂或批判。多數寵物如果被愛、被尊重、被好好照顧，牠們會展現純粹的感恩與幸福的能量。但牠們遇到挑戰也會有情緒性的回應。你們在這時候會了解並同情這些動物，知道牠們也是有意識和感覺的生命。你們在牠們身上看到自己某一面，有時這個面向被隱藏在你們所擔負的責任底下，或因為你們需要一直控制生活和環境而沒察覺。這些生物並不會有要控制一切的強烈需要，牠們有生存的本能來主導行動，牠們也瞭解有時就是要接受並跟隨當下的經驗流動。牠們雖然也會體驗到哀傷，但不會一直陷溺在後悔或自貶自卑的能量裡。

你們的星球有些物種能與較高的神聖能量共振，因此比起其他生物，牠們是在不同的頻率層級，而且有自我意識/覺察的能力。這些生物有辨識力，也較能覺知到本身的自由意志，以及與其他生物的連結，我們在你們地球的海豚、鯨魚、高等猴類的大猩猩、大象和一些鸚鵡種類身上都經驗過這個能量。可能還有一些生物有這樣的能量連結，只是我們還不知道。上述是我們認知為具有意識的生物，這樣的意識使得牠們與自己和其他生命的連結較為複雜。這並不表示牠們具有和人類同樣的思考模式，雖然有相似的地方，但也有很多差異。你們必須瞭解，牠們本身就是獨立、完整的光的生命體，而任何生命在意識上不論是與人類相似或相異，都不會影響牠們對你們星球集體能量的價值與重要性。

我們從剛剛提到的這些生物身上觀察到思想、信念和理解的複雜系統，這讓牠們對本身的存在、環境，以及對周遭生命的影響都有更高層次的覺知。牠們有解決問題的絕佳技巧，當牠們意識到對自身有利的和諧，也能改變既有的信念。牠們能夠因為好奇，因為渴望學習和進步而克服天生的恐懼，牠們知道這對牠們的生存有重大意義。牠們感覺得到與更高力量的連結，牠們覺察到這個能量是牠們存在的源頭。牠們不見得會像人類般思考或提問，牠們就是接受這個能量是牠們存在的一部分。

這些生物的較高意識讓牠們的行動能夠超脫單純的生存本能，也因此，你們會看到牠們為了群體利益而犧牲自己。牠們不像人類那麼害怕死亡，牠們對於死亡是生命的循環有較高覺知。即使牠們本能地想要生存，牠們對死亡的需要也有本能的了解。當自己的死亡對群體有利時，牠們有時也會選擇死亡。這牽涉到複雜的思想過程，而大部分的物種並沒有這樣的機制。

這些生物對人類感到親切，雖然牠們天生也會害怕人類，除非牠們是被人類養大，知道可以信任人類。但即使是那些天生害怕人類的生物，也會感覺與人類親近，當需要協助或解救時，牠們會運用天生的本能與直覺引導自己尋找人類。其他意識較沒那麼複雜的物種也是一樣。許多生物能夠感受到彼此間的親密，也對人類的能量有種親切感。雖然有些生物會用看似暴力的方式保護自己或是獵食人類，但牠們還是能覺察到人類有較高的意識，並且尊敬這樣的意識，至於牠們表現出的是對人類的好奇或恐懼，則要看情況而定。

地球上的各種生物有很多值得學習的地方，無論是你們認為只具有較低意識的生物，還是具有智力、意識和情感的複雜生物。牠們無論是在身體、能量或靈魂的本質，都與你們相關，也因此牠們全都值得你們的尊重、慈悲和照顧。我們會建議你們以驚奇的眼光看待牠們。當牠們出現在你們的生活時，問問牠們能夠教導你們什麼。即使是沒有展現較高意識的生物，也都直接和源頭相連。雖然牠們的神性面向跟你們所經驗到的不同，但你們可從牠們身上看到實相的多種面向，並更認識實相的本質。

可以談談地球上常見的政治立場的對立或兩極化嗎？為什麼雙方會有這麼極端的立場？

你們會開始看到，這就是我們一直在說的轉變所產生的影響。你們也許會覺得很驚訝，因為你們可能以為全球意識的轉變是指朝向和諧團結，而不是分裂。然而，為了體驗和諧，就會先有明顯的分裂。無論是個人、團體或體制，任何療癒的發生都需要先真正瞭解需要療癒的事物。因此，在轉變初期，你們會看到在許多方面的明確分歧。這些可能看來令人憂心，但我們保證，你們將看到愛的興起，那時，就是真正療癒的開始。

你們要瞭解，分裂感來自恐懼。你們恐懼曾令人民全心信賴的體制已讓大眾失望，你們覺得需要分裂才能重新整合並成為更和諧的制度，或政府，或文化。舊有的方式無法再延續，而新方式必須有足夠空間才能產生。就如你們從個人生活所看到的，任何改變都必須先瓦解舊有的事物。如果自我一直緊抓著崩頹中的事物不放，整個過程會很痛苦。

不要因為發生在你們眼前的分裂幻相而灰心氣餒。請記得自己來自的地方。你從一個細胞開始分裂。正是在細胞分裂的過程中開始了一致性，創造出作為**你**這個生物體的物質、意識的一員，以及源頭的神聖延伸。你身上的細胞各自獨立卻又蘊含了所有其他細胞的意識，以及源頭的最高能量。

以能量的觀點來看，真正的分裂只存在於愛與恐懼之間。恐懼引發生命裡的一切分裂。因為當站在愛這一邊，沒有分裂。當站在恐懼那一邊，除了分裂，別無其他。愛或恐懼是每個人要做的選擇，選擇恐懼也不是錯誤，因為在創造改變時，恐懼就像愛一樣必要。你們要對自己的靈性成長保持清醒。你們不是要同情或征服那些選擇恐懼的人。尊重他們的觀點，理解透過他們所反映出的內在恐懼。當大家開始療癒自己內在的恐懼時，就會開始看到你們的社會也被療癒。

地球內部現在是否有較高演化文明的存在？根據藍慕沙（Ramtha）透過靈媒傑西奈（JZ Knight）所說，地球是中空的，而且裡面至少有部分空間有生命居住。

這樣說吧，宇宙裡有無數的宇宙，次元裡還有次元，世界裡還有世界。我們的存在並不受限於你們所知的物質世界，而你們周遭也還有無數次元空間的存在。

你們的生命經驗其實是多次元和無限的。要把這些次元空間放在一個特定的物質時空裡，並不完全符合事實，雖然這樣可以幫助你們有限的理解力領會多次元實相的概念。

我們現在是在婉轉地告訴你們，在你們目前的次元實相裡有另一個種族生活在地球內部的說法並非事實。然而，若是以很不同於你們對物質生命理解的**多次元實相的形式**而言，是有生命住在你們地球內部。

麥田圈是誰做的？

你們對於在世界各地出現的麥田圈的來源一直很有爭議。我們觀察你們星球的這個現象已經有一陣子了。我們的結論是，有些麥田圈是人類自己做的，有些確實是真的，而且是來自地球外的創造。這些來自空中的圖案通常是在對那些有耐心和相關知識的人傳遞訊息。

譬如，二〇一五年八月在英國威爾特郡出現的麥田圈合併了很多數字9的變種圖案。我們認為這個麥田圈是在向人類保證，讓人類安心，這個階段的宇宙能量已經接近尾聲，它的消逝會帶來一個較溫和的新能量出現。很多人都感覺到近來的能量變化所帶來的影響，這種感覺常常不是愉快的，但我們相信這個感覺會過去，你們是在朝向更整合的存在方式邁進。數字9包含了其他所有數字，它代表完成和休息。

這個麥田圈暗示了幾個特定的日期，它指出太陽、行星和大氣狀況都達到支持改變的最高能量的時候。數值計算所產生的對稱類型形成你們所稱的神聖幾何圖形。這些能量圖形的頻率允許某類能量的流動。創作這些圖形的生命體很懂得能量的互動，他們希望經由他們創作的美與對稱，協助你們發現能量流動的美。麥田圈的神秘氣氛和深刻意義是不可思議的禮物，我們鼓勵你們這麼看待這些資訊，並在神秘裡找到意義。在這個時候，你們的大氣有強大的力量在運作。請在這個美麗的能量裡保持平衡，不要害怕任何不尋常的改變，請明白，這些都是為了你們的最高益處。

在現代人當中，誰是精神覺醒的大師？

雖然有很多這個圈子的人因為他們的貢獻而聞名，但我們必須指出，最有力量的領導者和老師不見得是公眾知道的人物。他們有些在小城鎮和社區裡以非傳統的方式過著自己的生活。他們不見得是心靈導師，他們可能是藝術家、自由思想者和無政府主義者。他們不符傳統的獨樹一格就是他們這生最高的自我表達。他們在世上的存在，對那些傾向過著較符合傳統，較不自我表達的大眾而言，往往就已是最重要的影響。

當然，那些有名氣的心靈領袖也可能很重要，而之後也會出現別的人來挑戰先前的靈性和宗教觀念。你，就是其中之一。你們必須明白，偉大的智慧遍布在你們世界各地，而且都來自源頭能量。被源頭能量召喚的靈魂日益增多，你會認出他們是你的兄弟姐妹。

你們曾經和地球上最為人知的靈性大師溝通過嗎？像是佛陀、克里希納、穆罕默德或其他人？我和我的讀者最熟知的是耶穌，祂有什麼要說的嗎？

是的。我們曾經跟他們和其他靈性大師的能量連結過。事實上，你們可能有興趣知道，他們並非地球所獨有。他們在其他世界也有相等面向的存在，比如在我們的世界。

這不表示我們把他們看作人類，也不意味他們的追隨者和你們星球上的信徒有相同的宗教教條。這表示的是，就像所有的意識形式，這些較高階的存在體是多次元的生命，他們可以把一部分的自己帶著智慧與教導送到宇宙的遙遠各地，我們因此可以透過各種物質和精神形式來體驗那個智慧。

這些靈性領袖的教導來自源頭，他們提供大家與最高層次的自己連接的機會，並教導大家專注在**愛**、**連結**、**慈悲**、**真實**、**為自己的行為負責**，以便和存在於每個人內心的源頭形成更強的連結。

在你們歷史的不同時期都有這些靈性老師的出現，因為當時的社會在尋找與更高智慧的連結。耶穌在地球出現的時候，腐敗的領導階層帶給大眾很多痛苦，全球呼喊求救的能量促使了一位高振頻的靈性大師投生人世。

無論如何，我們必須指出很重要的一點，這些化為人身的大師並不是要創造讓人類崇拜或恐懼的對象，也不是要製造靈性階級上的優劣，把人類（或任何肉體生命）放在靈性階級名單的最底層。這些靈性大師以一般的人類身分投生到你們的世界，跟任何工人或農人沒什麼不同，為的是讓他們周遭的人能夠瞭解**神性就在他們自己的靈魂裡**。所有這些大師的教誨都是在**幫助人們認出在每個人心裡的力量、智慧與愛**。因為當每個人能夠瞭解並榮耀自己的神性時，大眾自然不再盲從，整體能量會更平衡。

然而，就像任何教導一樣，這些教導的內容只能整合到跟每個人的信念和所選擇的真理相符的層次。因此，那些知道耶穌的教導是有關賦權和愛自己的人，將這個教導視為對他們虛假權力的威脅，因此將耶穌處決。而當他們看到處死耶穌只是讓他的教導有了更大的力量，他們便創造出宗教教條。這些教條扭曲了耶穌的教導，讓祂的教導像是在宣揚恐懼、論斷，恐嚇那些行為不符特定標準的人。請明白，所有靈性大師說的原始版本和教導從未有過這樣的概念。那些想利用他們的話來控制群眾的人，製造出鼓吹恐懼的宗教教條是為了操控人心。

每個宗教的核心就跟一切事物的核心一樣，從最小的原子微粒到整個宇宙，全都是**愛**的能量。任何會引發恐懼的事物都不是以這樣的愛為中心，也因此不是真理。曾在你們世

界出現的所有靈性大師，他們的核心教導就是**愛**。愛也是我們星球的靈性大師的教導。這些大師以源頭的實體化身出現，他們是源頭的愛與力量的管道，目的是協助那些選擇傾聽的人瞭解：每個人都是神性的化身與管道。靈性大師投生的目的並不是為了被崇拜，被讚美，或是被懼怕。他們的目的是**揭露真相**。因此，所有想揭露自己內在神性真相的人，都是神聖的大師。

那些接受神聖導師和大師角色的靈魂，選擇投生的目的就是將生命專注在這些教導上。這是他們已揚升並進化到非常高能量振動的證明。他們要面對有權者的迫害，因為有權者害怕虛假的力量控制不了人民，他們也要面對恐懼真相的大眾的評斷，因此只有願意面對迫害和批判的靈魂才會選擇這條道路。這些大師在非實體的層面也依然在繼續他們的工作。無論如何，有許多包括人類和非人類的生命，也選擇了類似角色，但不是那麼有能見度。他們所接觸和教導的規模較小，沒有什麼名氣，但他們同樣是和神聖源頭連結，也有同樣的意圖要賦權和啟發他們遇到的每一個人，協助人們成為更高階的存在。這些人會被少數人肯定，他們所受的崇敬和讚頌雖然永遠不比神聖的大師，但他們的工作都同樣神聖、純粹和必要。

如你要求的，我們帶來了來自耶穌能量的智慧。

在你們星球歷史的此時此刻，在充滿恐懼和能量改變的氛圍中，來自不同界域的許多大師希望帶領大家**超越恐懼**、**仇恨和教條**。他們透過通靈者、老師、各種領導者、遊民、鉅富、被迫害者和被崇敬者，對你們說話。

我的教導仍然活在大眾心裡，在你們星球上各個領域的人們心裡。與這些教導相反的是恐懼的聲音。恐懼的聲音現在變得越來越大，令你們越來越難以承受，但這都是為了激起你們起身反抗恐懼，是為了讓真相能夠更強力地展現，因為透過迫害與仇恨而產生的**愛與理解**的浪潮會更加強大。這樣的愛與理解將起身對抗任何與源頭、與愛不一致的虛幻力量。源頭才是唯一的力量，唯一在所有造物核心的能量。

不要在教會裡尋找真理，不要在政治圈或財富和名聲裡尋找真理。在你們自己的心裡尋找，因為心的能量才是直接和源頭的能量校準，這就是所有生命的最高真理。

你是你自己生命的創造者，你的生命能量不但創造了你的生命，也創造了所有生命、所有實相和宇宙系統中的一切。而正是在這樣的創造行動裡，你們表達了神性的意志。

更大的宇宙

> 這部分的提問超越了布拉荷西卡星球和地球生活的範疇，我的目的是希望從中學到可以應用在所有生命形式的普遍真理。只要知道這些知識，我們就能在當下成長得更茁壯，發展得更興盛。

你們可以解釋我們和神聖心智（上帝）的關係嗎？為什麼我們經常覺得與源頭失去連繫？

神聖心智或源頭能量是宇宙裡所有能量的根本。這個能量將我們和我們的本質相連。源頭能量不只在召喚時出現，祂是一股無所不在的力量，祂供給能量給宇宙中所有的物質和能量場。源頭賦予我們生命，祂是一切存在面向的創造者。

我們身為由源頭放射出的能量，天生就與神聖能量相連。事實上，神聖能量貫通所有生命的核心，祂讓我們與自己的起源以一種相互回應的方式從內在連結，這個方式能讓源頭透過個體的能量體驗肉體生命，並讓個體能夠連結源頭的無限本質。

我們都是神聖心智的一部分，我們也都透過這個不帶批判的慈愛能量，從本質上與彼此相繫。這個連結也存在於我們的生命核心。當我們感受到與神聖心智的連結，我們會體驗到轉世生命所能體驗到的最偉大的完整與平靜。

同樣的，由於我們每個人都是源頭的一個面向，我們經由個人不同的性格和特質，表現源頭的不同面。我們擁有自我，也可以說是個別的人格，因此我們能夠運用個人的自由意志做出選擇。也就是透過這些顯化出的事物，我們行使創造的神聖力量。

你們與源頭的分離感是源自你們意識到自己的個體性，以及那些你們所接受的，架構於審判、獎賞和懲罰上的信念。這類教條不把你們看作是源頭能量的神聖面向，而是要你們遵從一位與你們分離並自以為是的領袖，祂高坐在上，審判祂卑微的子女。許多人被教導自己有個復仇心重的天父，而自己被創造出來只是為了以敬奉和悔罪的行為來取悅他們的創造者。這位天父隨時準備要懲罰那些讓祂不開心的人。要與這樣的能量感到親近和連結並不容易。

許多人因為覺得無法達到這個更高力量（上帝）所設的標準，他們因此失去與神性的連結感，最後只有放棄，轉而在生活中尋找小小的喜樂。他們認為自己天生就有缺陷，怎麼也無法取悅神聖的天父。有些人會從服事造物者找到喜悅，但他們從不真正往自己內心尋找存在其中的神性。他們反而永遠往外看，往外尋求與上帝的連結，只是他們很可能永遠也感受不到自己想感受的那種感覺。

在上述的每個選擇裡仍然都有神聖的經驗，每一個選擇也都為靈魂的演化提供不同的角度。要記得，就體驗來說，肉體所做的選擇沒有什麼是錯的，因為每個選擇都會有它的體驗。有些靈魂為了平衡經驗，也就是你們所知的業，而再次投生，也有的是為了進一步教育和啟發靈魂，因而體驗各種不同形態的轉世生命。

也有些人會留意來自內心和靈魂的直覺召喚，這個直覺敏銳地覺察到與源頭能量有直接連結。這些人透過尊重自己、尊重自己的生活和自己的工作來努力榮耀這個連結。

有些人相信，源頭需要外在的敬奉，需要你們降低個人價值，這是謬誤的觀念。對源頭的真正崇敬是透過**愛自己**、**照顧自己**、**表達靈魂的天賦**和**分享個人內在的光**來展現，因為這些才是神性的真正表達。

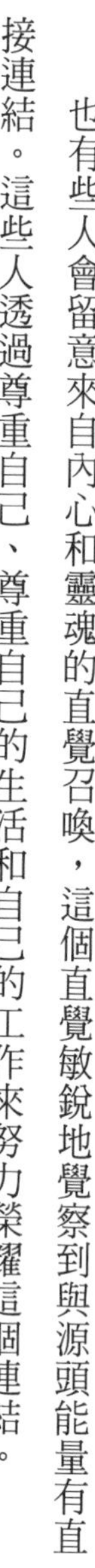

源頭能量一直在透過化為形體的生命能量流動。祂透過個體的內在感應／感官、直覺和創意表達來表現。當一個人和自己的這些面向失聯（因為社會壓力，或是對自己有不合理的期待），他會有情緒上的困擾，接著感到無助絕望。這樣的絕望裡有著寂寞，以及與源頭能量和所有生命的分離感。

要與源頭能量保持連結有它的挑戰，因為大腦天生對外界刺激會有許多一觸即發的情緒反應，而且往往是被小我的恐懼所控制。然而，透過冥想、設下平靜的意圖，以及專注於內在的神性之光的靈性練習，你們最能感受到那一直存在的連結，並覺察到源頭的微妙指引。就是在這些真實連結的經驗裡，你們感受到存在的真正精髓和本質。就是在共同創造的行動中，你們將神性之光投入並展現在次元時空的實相。

源頭的精髓存在於所有造物之內，也因此，所有生命和源頭都有振動頻率上的連結。

所有有識生命都被給予「意願」這個禮物，這樣的設計是為了讓我們體驗源頭本質的創造力與創造意識——而且我們也能決定要怎麼使用這個禮物。源頭作為所有事物的起始和基礎本質，祂一直都在持續透過祂的造物進行顯化。我們不只是和源頭連結，我們**就是祂**所有無限形式的根源。源頭所有的無限形式裡都有我們的存在。

有些人對神聖的介入存有疑問。我們要說，在個體所表現的創造之外，因神聖力量介入而出現的**奇蹟**確實會發生。奇蹟確實存在。源頭會透過共時性的行動來展現自己，這是創造的功能，這個共時性的現象會療癒肉體、使靈魂相聚、避開災難，以及發生無法用邏輯解釋的其他奇蹟事件。然而，你們必須瞭解，雖然奇蹟看起來像是發生在人類正常經驗之外的事件，但奇蹟的發生跟體驗奇蹟的那個生命的**意願**有非常直接的關聯。因此，奇蹟是個體與源頭**共同合作的創造**。我們一開始就是被創造為源頭的夥伴，所以我們有責任好好運用我們的意願和選擇的機會，創造出我們想要體驗的現實。這也包括了會被視為奇蹟的經驗。

你們在宗教有關上帝／源頭／神聖能量的說法裡可以找到許多真相，然而，也有很多人為作假的說法。有些人會出於一種舒適感而緊抓著錯誤假相不放，因為當人們覺得有別人（上帝）要為他們的經驗負責時，他們的責任就免除了。然而，慈愛卻又復仇心重的上帝隨時可能發怒，他們因此接受受害者的角色，因為只需遵循某些規定，就可以獲得報償。如果違反規定，還可以透過儀式取得上帝的寬恕。這就是那些設計來剝奪和掌控個體意志的宗教的結構。

然而，在所有宗教的核心，都有一個強大、有創意和充滿愛的力量一直活躍存在於一切事物裡。這個能量的性質曾等同於大自然的力量，而上帝的能量本質據稱就存在於所有大自然的生命裡；大自然的美、季節的變換和宇宙的神秘，都曾被視為神性臨在的證明。因此，神性是在所有事物的能量結構裡、在你們的靈魂精髓裡，以及你們每個人內在的神聖意願裡。這，便是神性的真實表達。

你們是八位的集合體，但你們可以個別跟我們連結並探討宇宙嗎？還是你們需要群體的能量才行？

我們總是一起旅行。原因很多。全體的能量遠遠大於個體的能量。我們發現作為整體，我們的溝通能力比較好，我們花在工作上的能量也更能均衡分配。結合力量實現共同的目標有很多優點。總之，我們一起工作的模式已經成為標準作法了。

我們也發現，一起旅行和工作有種安全感。譬如說，當我們其中一位遇到能量傳遞的問題，總會有另一位能夠協助、指導，使對方安心。這樣的方式帶給我們信心，減輕了獨自旅行的恐懼。也因此，一起行動的經驗要比單獨的經驗正面許多。

此外，我們也發現，作為一個團體，我們能夠分享想法和建議，用最理想的方式完成我們的目標。譬如說，在回答你的問題時，我們會互相討論，找出最好的回答。我們發現，這樣的聯合回覆比任何一位所能提供的答案都更豐富、更有智慧，並且也更完整。

我們當然也能個別地投射意識能量，穿越宇宙時空，但我們不會這麼建議或這麼去做。我們現在發現了合作的好處，就不會想再獨自旅行了。

你們也和其他星球的文明合作嗎？

我們曾經跟其他文明在許多方面合作過，不過，不是所有工作都是像這個這麼地密集和專注。有時候我們只是單純教育他們宇宙能量的遼闊，並幫助他們知道自己在宇宙偉大設計裡的角色。只要種下思想的種子，往往就足以加速意識的進展，他們可因此體驗到生命的豐富，並將經驗發揮到最大效益。當我們完成了目標，或是清楚知道我們的努力遇到太多抗拒而無法發揮作用時，我們便會中斷我們的能量。

火星或我們太陽系的其他星球曾經有生命嗎？如果有的話，我們是他們的後代嗎？就像很多理論家所說的那樣？我們人類的過去是這樣簡單、直接了當，永遠都是是或不是兩種答案嗎？還是說，有不同的過去和不同未來的存在？

真相就如你直覺認為的，不像某些人以為地那麼簡單和直接了當。即使是我們現在跟你們提出的真相，在我們多次元存在的實相裡也有瑕疵。在多次元的實相裡，沒有絕對。因此，雖然宇宙裡可能找不到生命演化的科學證據，然而生命確實存在於宇宙。而你所提的**多重過去**的理論，也有一定程度的真實性。

你們要瞭解，生命一直，而且也永遠會以某種形態存在。這些生命形態可能不符合你們所認知的「生命」，可能遠遠超乎你們對生命的理解，你們完全無法想像這些生命形態，因此根本不會把它們看作是生命。你們這種有限的領會是出於宇宙刻意的設計，它創造出你們對於實相的狹隘理解，這樣你們才能專注在你們目前所活的這個生命。然而，我們想建議你們想想，宇宙有無數的方式來表達它的意識，而且源頭一直存在於所有的表現形態。因此，你們料想不到的生命形態確實存在，它們確實是真的。

我們會這麼告訴你們，**所有的**星球在某個時間、某個次元空間，在某種意識存在的領域，都曾經有過某種生命形式。而**所有的**生命形式——無論是你們目前所處的時空或其他時空——在能量上都互相連結。這就是為什麼你們這個物種並不孤單。許多宇宙生命也都會與宇宙的其他生命產生共鳴。你們天生就知道你們與許多目前意識沒能覺察到的生命連結。

因此，我們會同意你指出的部分理論，但我們也要說，那些並不是完整的真相，而且有許多其他的理論也都包含零碎的真相，這是因為人類大腦的受限，因此你們能理解和看到的真相有限。

我們瞭解，這個回答相當深奧，而且不像你期待的那麼具體，我們會建議你讓自己沉浸在這個無限的可能性裡感受，不要把自己侷限在你們智力能理解的範圍裡。

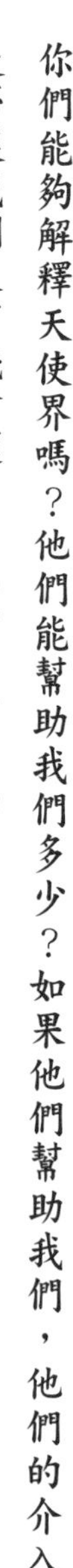

你們能夠解釋天使界嗎？他們能幫助我們多少？如果他們幫助我們，他們的介入是否讓我們沒有機會運用自己的力量了呢？

在天使界的是振動頻率更高的生命體，他們尚未投生肉體，他們應允留在非實體狀態，目的是在肉體生命的旅程中提供協助。請瞭解，當靈魂同意進入實體界時，事先都會有某些計劃和準備。有時候，有些靈魂因為沒有肉體的沈重牽制，在為實體生命作計劃時會過度樂觀或熱切。

在進入肉體之後，這些靈魂可能發現他們無法應付生命道路上的某些障礙和挑戰。他們因此感到絕望、哀傷、孤獨和挫敗，如果他們不明白自己的存在有著更高意義，他們可能會難以承受這些令人沮喪的時候。就是在這些辛苦難熬的時刻，天使界的更高存有會因召喚而前來協助。

這些高頻的存在體有許多方式可以影響在實體界的生命，像是在絕望時提供安慰、稍稍修正人們的生命道路以減輕痛苦、協助走在靈性道路的生命瞭解他們自身的神性並加速意識的提升。這些天使因此被視為協助對象的夥伴或導師，他們的行為不被看作是干預肉體生命的選擇。這些協助是雙方事先同意的，因此，如果沒有某種形式的要求，像是來自那個人意識上的請求或靈魂的呼喚，天使並不會干預。

就跟所有的能量體一樣，天使界也是源頭的延伸，天使以愛和慈悲的指引，服務所有生命。當天使介入時，肉體生命可以運用自由意志來決定要如何回應；天使的協助可被視為來自源頭的禮物和更高界域存在的證明，也可以被看作是純粹巧合或好運。無論個體選擇如何回應，都會再次影響那個個體生命道路的軌跡，然而，沒有任何選擇是錯誤的。

在任何時刻，都有許多天使在你們身邊。這些天使都有無限的延伸，也就是說，他們有無限的方式為你們服務。召喚天使並不會減弱他們同時協助其他人的能力，而且你的召喚永遠都會被聽見和得到回應（即使你覺得沒被聽見）。有些天使的回應是沉靜而微妙的。有些天使的回應讓人明顯感覺到能量，並在環境裡實際看到改變。這些性質是刻意的，並且會在那個人的生命道路中引起共鳴。

宇宙存在著許多不同層級的非實體生命，他們的存在各有不同的目的和角色。天使界就包括了非常大範圍的存有，他們的工作都同樣重要。有些具有最高的頻率，和源頭最接近，敏感的人可以感覺到他們的能量與意識。這些存有就是你們所說的大天使。雖然你們對大天使的認知裡有許多概念是正確的，但也有一些是人類的想像和沒有事實基礎的誤解。譬如，你們描繪天使的藝術品和圖像總是會有翅膀。這個誤解來自於人類無法理解，

如果沒有一些實際或具體協助，這些存在體要如何在時空中不受限地穿梭。因此飛翔這個神奇元素為他們創造了某種不屬塵世的特質，也解釋了天使如何不受身體的限制而能穿越遙遠空間。事實上，天使並不需要翅膀，因為他們是非物質的存有，不受限於時間和空間。然而，如果他們要在服務對象面前現身，需要選擇一個視覺意象，他們會選擇以傳統的天使形象出現，好讓對方清楚自己的天使身份。

天使的介入永遠是懷著最高善的動機，在服務對象難以承受或失控的生活層面上提供協助。因此，人們在生命道路上會因為天使的幫助而感到更有力量，他們的創造和顯化力量並不會被拿走。天使界回應呼求協助的召喚，天使的協助是作為最後的辦法，因此是在所有努力都無效，明顯需要協助時才出現。你們必須瞭解，無論外在世界讓你們感覺如何，你們都不是獨自行走在這條實體生命的道路。當行經艱辛路段時，你們身邊一直都有天使、指導靈、你所愛的人的靈魂，以及其他想要協助你、鼓勵你的存有陪伴著你。

你們可以解釋數字命理學是如何作用的嗎？如果真的有用的話。

我們想先指出，所有的生命結構都有模式。從原子層次到細胞層次，都有能夠支撐整個系統的能量網格模式。想想你們身邊的大自然，大自然裡有各種一連串的模式、網格、重複的結構，支持著質量、重量和深度。

宇宙中所有的能量和物質都是如此。即使看似混亂的能量也在支撐著其中的某種模式。數學家、藝術家、音樂家、物理學家和會計師等等人士，都很清楚模式是如何創造了系統，系統又如何創造了秩序。

數字命理學就是在研究數字學時所發現的數字模式，在這些模式和結構裡發現了重複出現的能量在影響人類能量的結構，並因此影響個性、情緒與傾向偏好。你們所有的身分面向，都具有反映出你們個性的模式。也由於你們生命的所有特質都整合在你們的身分裡——生日、名字、星相圖、出生地、祖先、遺傳組成和其他——每個面向都可以透過審視找到影響性格的某些模式。數字命理學只是這類模式之一，它可以提供許多具啟示性的資訊。

塔羅牌呢？它看起來似乎純粹是隨機的抽牌，又怎麼能被解讀？

有許多工具可以幫助你們保持專注，接通更深的直覺和所謂的通靈能力。在一個充滿

令人分心事物的世界，你們總是為了物質掛心，重視心智與邏輯卻忽略了更高的意識。這些工具創造了讓你們不被物質世界分心，並將能量帶進更高層次的焦點，這樣的能量焦點，才能接通真相和源頭能量。

無論是看似隨機地抽塔羅牌，或是詮釋所抽出的牌意，都能夠啟動直覺。抽牌和讀牌的動作都有意圖，因此一切絕不是隨機發生。意圖是所有行為和結果背後的驅動力。當我們接通更高層次的直覺能量，就能取得更高的智慧和知識。塔羅牌代表生命路徑的某個角度，它可以協助占卜對象專注於生命中需要注意的焦點。

正如生命數字學、占星學、系譜學（genealogy），以及其他有影響作用的能量模式，塔羅牌能讓有限的心智思想所無法觸及的更深度理解和智慧浮現。就如所有想探掘肉身經驗的方法，無論用的是什麼方式或工具，意圖才是驅動的力量。

靈魂有不同年紀嗎？肉身有原型嗎？作者雀兒喜·昆·亞布羅（Chelsea Quinn Yarbro）說，肉身原型包括僕人、牧師、藝術家、智者、戰士、國王和學者。如果可以的話，你們能說說靈魂年齡和原型的關聯嗎？

靈魂年齡的概念來自有些人認為靈魂就像肉身一樣，也是從嬰兒到成熟的線性發展。靈魂確實會因為在實體世界的體驗越來越豐富和逐步的進展，隨累積的經驗而具有某種成熟度，但我們說的靈魂並沒有所謂的嬰兒期。靈魂是源頭能量的延伸，因此，它在一開始就是完整的。然而，尚未在實體世界體驗過許多轉世的靈魂，比起有過很多肉身經驗的靈魂來說，它們面對的挑戰會不一樣。這個（靈魂成熟）的過程並不像肉體生命的一生那麼明顯。肉身從一開始小嬰兒時的無助和倚賴，透過學習和探索的過程，慢慢成熟，最後達到心智與精神上的成熟。靈魂不但在肉體裡體驗成長與演進，在非實體界也有很多的學習和體驗。因此，當靈魂的一部分（也可說某個面向）選擇投生到實體界時，它並不是像一般以為的那麼不成熟和缺乏經驗。

你提問的這個理論的基礎，在於肉體經驗有限的靈魂傾向選擇的體驗會跟身體／物質面比較有關，他們可能會有較多與身體、物質和安全感的議題。這是因為他們最初的肉身經驗都是跟在實體界的生活相關。這個基調經驗會為他們靈魂接下來的轉世定調。這不表示這些對肉身世界較不熟悉的靈魂會選擇最具挑戰的肉體生命，事實上，他們多半會選擇較少挑戰和較不那麼困難的生命，先藉此看看自己的承受度。最進化和最有經驗的靈魂才會選擇最嚴峻的肉身挑戰，例如長期的疾病、身體、心智和心理的挑戰、極度的貧困或虐待，以及其他類型的痛苦。只有那些覺得自己已經準備好接受這些挑戰的靈魂才會投生到這樣的人生框架或狀態。

這不意味選擇肉身經驗的靈魂有什麼缺陷或欠缺了什麼，這表示靈魂選擇這些經驗是要增強它的潛力並豐富它廣泛的體驗。沒有一個靈魂被創造出來是欠缺或不足的，靈魂從一開始就是完整的，但是有很多成長和學習的空間與方式。比較進化的靈魂也會選擇探索精神層面的一世，因為他們對物質方面的探索已經非常豐富，他們知道是從肉體形態的觀點來探索更高層次的時候了。

要知道，在非實體的狀態，學習的速度很快，而且學習的經驗不受時空限制。如果要用線性時間來看靈魂的演化，就像是為了要能理解而硬將限制套用在沒有限制的經驗上（亦即用有限的方式來看無限的經驗）。因此，這樣的工作雖然提出了許多真相，但這些真相仍是經由通靈人類的線性思考的大腦所詮釋。（透過通靈管道傳遞這類資訊皆是這個情形。我們因為知道其中的差異，所以通常都能做些調整和彌補。）

經驗的原型是靈魂在計劃肉身體驗時，所選擇的生命旅程類型的象徵性的參考。你提到的這七種原型涵蓋了許多不同的生命經驗。在建構生命架構的基礎時，這些角色因此可以作為指引的元素，但若只歸納或限制為這七種並不正確。總之，有關原型或肉體生命經驗的象徵想法是確實的，但這七種原型並不足以涵蓋所有的原型。

我們也可以說，每一個轉世生命多多少少都具有所有的這些原型，只是有些原型比其他原型更強。隨著靈魂的演化，它對於自己肉身生命的道路會做出許多選擇。有時，這些原型可能改變。生命道路的設計原本就容許個體隨著發展改變道路的方向，選擇其他類型的經驗。因此，選擇投生人世的那個靈魂面向，可能原本選擇的經驗是服務他人，但到了這個角色的某個點或階段，他決定要有所進展，因此離開僕人的角色，進入其他原型角色以便改善經驗。這是神聖意志的一面，在設計肉身經驗時，就已把這一切考量進去了。也因此，靈魂面向對於它的肉身面向會做什麼選擇並不會有太多預期。

大部分人類關於靈魂世界和靈魂旅程的理論，都有其限制、詮釋上的錯誤與過於簡化的分類，因為靈魂的旅程存在於人類大腦能理解的範疇以外。我們會建議你們，將我們的回答當作真相的基礎，繼續更深入地延伸和探索，找到最終的真相。但你們也要瞭解，實

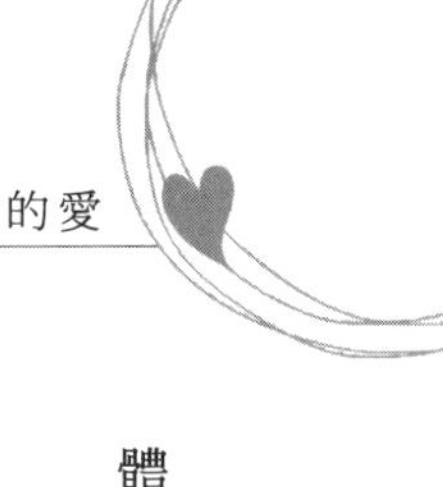

體世界的大腦（實體的物質）就是無法理解非實體存在／非物質世界的某些面向。

你們如何在同一個時間出現在一個以上的地方？請描述你們是如何體驗多次元。譬如說，當我的意識完全專注在當下時，我可以接通直覺和細微的記憶。然而你們卻能注意到翠西，刻意地與她連結並回答我的問題。你們可以在肉身活在另一個星球，照樣進行你們正常生活的同時，將意識擴展到其他地方。你們怎麼看待這個現象？看起來你們可以同時身處好幾個地方，對吧？你們要如何知道什麼時候要注意什麼地方呢？

你是在三次元的概念裡體驗你的人生，你只能有意識地感知在三度空間裡的事物，因此能夠感知長、寬和高，這是你們現實經驗的限制。對這個現實引進另一個維度的話，你們不一定能夠感知或理解。你們的大腦會不知道要如何處理，大腦會自動過濾，把它視為異常現象或認知錯誤。大腦在認知上是受限的，不但受限於它所相信或認定的真實，也受限於它的結構本質。大腦原本的設計就是只處理它能理解的資訊，以及它習慣的經驗。

然而，事實上，你們存在的其他面向，現在正在其他形態的次元空間、其他的時間構造，以及宇宙其他地方體驗實相。只是你們對實相的認知是受限的，你們只單一地專注於這個你們感知的時空裡，因此你們的大腦不可能理解在它自己所在的物質空間外的實相。你們甚至很難想像這個概念，你們的大腦會抗拒，認為那只是幻想或想像，但如果你們允許自己去感覺，你們的靈魂會與這個真相共鳴。

以我們的經驗來說，在我們星球生活的那個面向，多半沒注意到進行旅行的這個部分。在家鄉的我們的那個面向透過大腦和它對實相的認知聚焦於當下。我們跟你們唯一的差別是我們完全知道我們在做這個工作，而且我們會有時間是用來把這些經驗的知識，整合到生活在我們星球的那個面向的意識裡，因此這些經驗能夠被記錄並回報給星球上收集資料的伙伴。除了這些時候，我們的實體面向並不會意識到正在星球實相外體驗非實體面向的這部份我們。

這並不是說我們把自己分裂成很多個生命。我們每一位都還是一個生命體，都是獨立的個體。在這次多次元的轉世狀態，我們能夠在兩地同時出現——也就是說，同時存在於一個以上的地方、次元和空間。你們的量子物理學家已經在實驗室證明了這個現象是真實的，但他們尚未了解這個發現對人類的完整意義，也不了解個體在能量上是可以多次元和同時出現在兩個地方。

你們每天晚上做的夢就是最好的示範。這些夢有各種目的：有些是大腦功能，有點像是記憶體轉存或釋放數據，允許過濾資訊和釋出。有些則是星光體出遊；某層面的你們穿梭於不同次元的空間。如果這些經驗被轉譯到大腦的記憶，影像會被詮釋成某種幻想或是荒謬、無意義的一連串事件。你們的大腦會相信這只是另一個夢，因為大腦無法理解多次元生命和能量體的真正本質。因此，你們在這世體驗到的意識完全只專注於它所相信的真相：單一的三度空間、單一的時間軸、單一的實相，以及從一刻到下一刻的線性經驗。

事實上，你們的靈魂有很多層次的存在。這些不同層次的存在體驗到它們自己所聚焦的實相，而沒意識到其他的存在，因而相信自己的存在是唯一且獨特的。此外，很少有人能夠跨界進入其他次元空間，通常是透過化學物質的刺激物（興奮劑）、疾病或專注的靈魂出體而產生的意識改變。然而，由於大腦無法瞭解這樣的經驗，因此這個經驗變得扭曲和神秘，而且被看作是想像力所編造出來或幻覺下的產物。

我們和你們在日常生活中所做的並沒有多大的不同。我們只是透過意念的能量以及對能量運作的理解，找到了一個方法，有意識地、刻意地操作多次元的旅行。

你們和我在其他層次的意識也有連結嗎？如果我對你們和你們帶來的資訊這麼有興趣，我想我的高我或其他次元的自己一定也很有興趣。我可以用意願讓他們找到你們嗎？你們能夠用意願找到我的其他存在嗎？

我們只能說，他們曾經，也會持續地，在我們的多次元形式中找到我們。在線性時空的幻相中，我們曾經相遇，未來也會繼續相遇，這是我們靈魂的意願。靈魂的意願超越肉身的意願，雖然你自己的意願會影響你的多次元轉世，但**靈魂的意願**決定了它多個存在面向的道路。這是我們所能瞭解的資訊了。生命的驚奇正是在這些未知裡。也正是因為還有太多未知，生命才更顯奇妙。

許多靈性導師，還有你們，都多次提到地球正發生的宇宙能量的轉變。你們可以說說嗎？

是的，我們希望能討論一下。最近，宇宙能量改變了，某些人的情緒因此受到影響。這些人需要花一點時間在自己身上，無論是在家裡或是在工作上，都不要過分勞累。我們發現，遇到能量改變時，有些人的身體會感到非常疲倦，身體必須利用任何可能的機會多休息、放鬆，並保持平靜。此刻有許多能量在作用，可能使敏感人士的能量變得紛亂，導致失眠、易怒、失去耐性和退縮等情形。

如果你發現自己有以上任何徵狀，請放心，等到行星和月亮間的排列所產生的能量影響較輕，其他的宇宙能量也安靜下來後，徵狀就會消失了。二十一世紀初期到中期之間，會有很強的磁場和太陽力量在作用，這會造成滿大的能量風暴。你們可能發現自己在能量轉變時，經歷到一些挑戰，但你們必須理解，這些挑戰將激發你們內在的戰士。在能量轉變時，你們會需要內在的戰士。這些變化都是為了朝向最高形式的能量振動，這對於地球和地球上所有生物的進步和演化有其必要。活在這個時代是榮幸的。一切都在加速成長，覺知會越來越提升。

不要因為你們的政治和領導圈目前所面臨的任何挑戰而感到絕望，這些挑戰只是為了喚醒那些一直抗拒改變的人，以便帶來所需的全球變化。這些挑戰都有它的原因，沒有一個是註定要失敗。我們希望你們明白，你們的世界正在醒來，決心要創造更好的體制服務所有人民，並以靈魂的慈悲與心的智慧保護所有生命。這是宇宙的法則，而且發展一如計劃。振作起來，對你看到的進程要有信心，不要因少數人的無知讓你在這條朝向轉變的道路上感到氣餒。所有聽到我們的話的人都是這個轉變的一份子，我們鼓勵你們專注在正面的事物上，這會讓大家都變得更正面。

我們對於你們回應這些挑戰的方式感到驚訝。因此我們傳送給你們許許多多的愛，還有我們思想的能量。我們預見一個新世界在你們腳下綻放。

沒有時間或空間的「更大實相」要如何存在？

要解釋超越時空建構的任何事物之前，首先都要瞭解，所有實體物質天生都是受限的。這是刻意的設計。因為在限制裡，才能體驗自己真正的潛力，並超越具體的限制，進入無限能量的領域。實體大腦負責處理收到的所有資訊，它天生就有限制，無法理解任何超越它對時空認知的經驗。這種線性架構創造出進步的幻相，因為如果意志要達到目標，就必須要有進步的幻相。沒有這樣的幻相，就不會有改變的動機和成長，也就無法體驗做出選擇和學習的奇妙經驗。這些限制只會在物質實相存在，這也是為什麼靈魂會選擇體驗肉身的經驗。

當一個人在非物質狀態時，時空所建構的實相就消失了，他只會有身為完整存有的完整經驗。這並不是說非物質的存有不可能體驗到線性時間，因為靈魂總是可以選擇回到不一樣的時間狀態（亦即時間感改變），以便經驗的脈絡能更清楚地釐清。無論如何，體驗非實體生活的靈魂不一定要在時間框架裡描繪它的經驗，因為隨著大腦功能的限制不再存在，理解力便會大幅擴展到超越你們目前所能理解的範圍。

可以這麼說，非物質／實體的生命或你們認為的靈魂，不但存在於所有過去、現在和未來的經驗，也存在於所有次元的生命。靈魂就是在這些經驗裡，開始它的演進。由於靈魂和源頭直接相連，源頭可以在這些經驗和祂的所有面向連結，不受到實體世界的限制。你們的經驗的每一個面向、你們存在的每一個時刻、你們存在的每一個微小部分，都與神聖源頭相連，它們不受大腦處理資訊的限制，不受實體世界的生死限制，不受地球與實體宇宙的引力作用，並且超越了肉體面向的情緒與直覺。每一個經驗也都透過源頭，增強與豐富了**所有的**生命。這就是一體性的意義。

你們幾乎無法想像會有不根據時空的線性架構而演化的生命。我們希望你們回想曾經體驗過的那種沒有時間感的經驗。在那樣的時刻裡，你們專注於當下，時間似乎消失了，只留下一個包含了整體經驗的時刻。在實體世界裡，這些時刻很短暫，瞬間即逝，但在這樣的時刻裡，你們感受到非實體存在的實相。

因此，練習拓展能量對你們很重要，你們將不被人類的理解力所限制。也就是在那些雖然無法清楚瞭解，但你們允許並接受的時刻，真正神秘的存在經驗就會發生。你們是無限的生命，透過實體物質和時空的限制，體驗存在的某個受限面向，也因此你們才能透過顯化的過程，透過克服困難，透過擴展心智而踏入未知，體驗到超越限制的偉大喜悅，並真正地、完整地感受到生命的無限。我們鼓勵你們將這些經驗視為偉大的禮物，這個禮物源自你們所選擇的這一世人生。你們除了做出這個體驗的選擇外，無法擁有這樣珍貴的經驗。

如果我們無法定義過去與未來，怎麼會有成長和擴展，或是從無知到有知呢？我們又要如何處理或理解一個沒有時間的句子？總得要有其他的度量方式或基礎，才能有參考點吧。

在你們現在的存在層面，你們對於實相的本質有特定的預期（這是透過經驗和文化學到的），你們創造了既定的起點與終點、進步與擴展的結構。你們的大腦幾乎無法理解在這些預期之外的任何經驗，甚至無法想像。然而，你們所習慣的時間經驗，僅是多次元宇

宙裡對於時間的眾多認知之一。

宇宙大部分的生命確實有某種往前進展的時間感，這包括了被你們理解為起點和終點、開始與結束，以及發展的演進。然而，時間在某些界域更具有彈性，生活在那個架構裡的生命可以在時間上前後移動，「現在」只是作為那個轉世經驗的某種基地。他們還是有線性時間的概念，但不像地球上的概念那麼僵硬。這種時間滑動創造出獨特的時間經驗；在那些界域的個體，他們生命道路的進展不一定都是線性前進，而是依據現在和其他時間裡（多次元）的經驗強度和清晰度而定。

「靈魂世界沒有時間的概念」這句話其實並不像字面這樣，因為還是會有經驗上的進步和學習的機會、在時間中前進和成長。然而，標示時間或描述時光的流逝並非那個經驗裡的一部分，因此，靈體對於時間的進展跟在肉身體驗到的並不一樣。我們之前提過，你們可能有過時間像是停止了，或完全沒感覺到時間消逝，事實上卻過了很久的體驗。你們也可能有時間異常的經驗，當專注在某件事情時，感覺時間像是短少或多了出來。這是因為你在當時和內在對「時間該如何運作」的預期暫時失聯了，因此體驗到**沒有時間**的世界。時間仍然在線性地前進，但是秒、分和小時的概念從你聚焦的點上脫焦了，你因此體驗到時間的靜止。

另一個有關時間的概念是所有的時間都在同時發生。這很難想像，甚至無法想像。因為如果無法清楚度量時間，那麼，你們現在所置身的空間又在哪裡？事實上，這個概念並沒有否定當下，或否定從一件事到另一件事的線性進展。這個概念是說，存在於所有時間點的所有面向都可以進入並造訪。在任何時刻都可以體驗過去、現在和未來，因為它們都存在於同樣的框架裡。沒有任何過去的實相會消失，也沒有任何未來是不存在的。所有的實相都（同時）存在，因此都可以在當下體驗到。

這些概念對你們來說深具挑戰性，因為你們相信你們是唯一的存在。你們相信，**這個**你們是時空中單一的生命體；時間的流動是從一刻到另一刻；只有一個意識在體驗這些時刻；你們都是在單一宇宙裡完全自足的個體。這些信念使得「理解所有存在和所有時間的真正本質」完全不可能。事實上，宇宙中有**無限的方式去體驗生命、時間、空間和存在**。甚至在規模相當小的人類人口當中就已經可以看到一些例子。有些人對時間與空間已經有不一樣的概念，他們對自己，對自己在人類當中，或在宇宙裡的角色有不同的覺察。有些人被當作智能不足或心智有問題（他們的大腦功能和意識創造出不同的現實）。你們會同情這些人，覺得他們沒有「正常」的生活，事實上，他們的經驗和靈體生命的經驗才更一致呢。

具有選擇的能力是有意識的生命在體驗時空時的共同點，不論這些選擇是否受到思想和信念的限制、是否採取了什麼實際行動、要將能量專注在哪裡，或是如何認知或詮釋自己的經驗……我們對時間與空間的覺知大都取決於我們的選擇。就是在這些選擇裡，我們能夠演化、改變和轉化自己成為其他的存在形式；不帶有評斷、不認為演化是存在的唯一理由、不懷有階級觀念或揚升的想法。揚升仍會發生，但它不是存在的唯一目標。沒有靈魂會因為朝向某種能量頻率的進展如何而被評斷。存在的終極喜悅就在於沒有時間與空間的限制，以及與純粹的、充滿愛的源頭能量的完全連結。

所以我們可以說，你們並不知道創造的起源嗎？

無限的概念很難掌握，甚至對能夠瞭解源頭能量的較高意識來說也是如此。我們的意識被刻意設計成這個結構，這個結構給了我們具體的框架，用以建構我們的生命經驗。但我們知道宇宙是無限的，它沒有起點，也沒有終點。這跟我們對時間的週期／循環經驗是一致的。起點和終點其實是一體的，我們是能量的生命體，我們的存在是永恆與無形的，我們是無限愛那美好與智慧的一部分。這樣的想法可為具有實體的我們帶來一定的安慰，但我們因為仍具有實體，很難真正瞭解沒有時間、沒有限制和沒有真正起源點的概念，然而，我們接受它為真理。這是很美的真理。

第四部分

打造更好的世界

我很好奇，以弗蘭克所知的一切，他們對我們和他們這兩個世界會有著怎樣的期待。更具體的說，在地球的我們要如何更瞭解和運用宇宙能量及我們天生的（或許是未知的）能力？尤其是在我們個人和集體的靈性發展上。

請告訴我們，想像力的力量和目的是什麼？

關於預先想像要做的事，或是觀想渴望的事物成真的過程很值得說說。**想像力**是充滿養分的肥沃土地，它創造出你們想在現實世界看到的一切，它是所有**有意識的創造行為**的溫床。

「想像力」是個模糊的詞彙，它指的不是大腦或身體的特定部分，而是特定類型的官能，它是將一個人的預期和盼望在腦裡和心裡成為現實。這個還未在實體世界成形的想像，可能是個正向、高振頻的情景，也可能是會讓你們「擔心」（一種低振頻）的畫面。許多壓力和焦慮就是因擔心而導致，事實上，擔心也是一種想像，它是你們對於事情不順遂的想像行為。

只要運用想像力，心智、情緒和生理就會對你們所想像的事物產生反應。這個反應跟事情真實在現實世界發生時的反應很類似，即使不是一模一樣。也就是這個反應或是對心智刺激的回應，使你們產生興奮、擔心、恐懼或喜悅的感受。這些反應完全是由你們所想像出的心智影像在主宰，但因此所產生的能量影響非常深遠，它會導致能量上的回應，在能量場觸發期望，並吸引類似的能量。因此，在想像力的能量場所創造的情境，雖然跟到時候在現實世界發生的不一定完全相同，但它吸引來的能量會很類似，而且符合那個想像事物的振頻。

這就跟你們用雙手和眼睛創作具體事物的過程一模一樣。你首先想像想要創造的東西，你可能用草稿、藍圖、一段描述或電腦繪圖的形式來呈現你想像的事物，這是將想像具象化的第一個階段。接著，你採取必要步驟，以三度空間裡的某個實材，使想像的事物具體成形。

藝術家創作的第一步就是運用想像力。你們必須知道，正是所想像事物的情緒頻率，引導藝術家瞭解要具體呈現那個事物需要什麼步驟。也因此，我們可以說，想像力的頻率決定了所顯現的東西，無論它是個具體的物件、一個事件、一種情況、一段關係或是某個活動的結果。

最高頻率的想像力會產生期待、喜悅和興奮的感受。這個頻率會變成能量場裡物質空間的某種形式，然後它會尋找與本身頻率相符的事物，並吸引到那個能量場裡。

這就是物質世界裡所有顯化的本質，它們都是從想像力的能量空間裡開始的。經常做白日夢、刻意且有意識的觀想，甚至夢境中的想像都很重要，因為它們都具有創造所需的頻率。我們想要強調，正面運用你們的想像力，是確保你們使用自由意志在現實生活中創

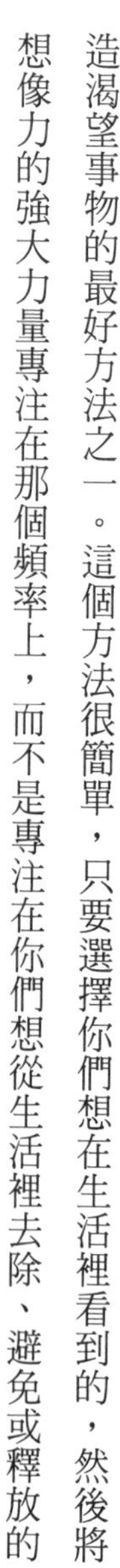

造渴望事物的最好方法之一。這個方法很簡單，只要選擇你們想在生活裡看到的，然後將想像力的強大力量專注在那個頻率上，而不是專注在你們想從生活裡去除、避免或釋放的事物上。

正如任何其他的感官，你們也需要練習、實驗和控制你們的想像力，才能將它專注在渴望的事物，專注在直覺和創造生命的滿足與快樂上。那些花很多時間在想像力的人，像是藝術家、作家、音樂家和演員，都發現這樣的創造過程不但對他們的生活很重要，對他們的幸福也一樣重要。藝術家一定會同意，他們的許多美麗創作是源自於挑戰，許多藝術上的表現是因為情感的創傷。倒不是說快樂的人無法創作，而是那些能利用想像力創造的人，會發現困難和危機時刻也蘊藏了許多美好。

想像力是你們個人力量的最大資產之一，我們鼓勵你們好好運用想像力，不只是用來創造生命裡的物質面向，同時也創造非物質的體驗、對自我的感受，以及能讓你們向世界展現最精彩天賦的情境。

請解釋祈禱的力量。

祈禱的力量來自於當一個人有意識地認知到他和源頭始終存在的連結時，所發生的**振動改變**。

在祈禱的狀態中，祈禱者啟動了與源頭的連結，他內在的那個源頭面向因為被啟動而改變了祈禱者的振動，祈禱者的意圖於是充滿力量。因此，並非祈禱者所請求的神聖介入造成人生道路的改變，而是祈禱者**內在的源頭力量**改變了振頻，將他從無助轉變為有力量的創造者。

來自祈禱的協助因此並不是像許多人想的那樣。當禱告應驗時，人們很自然地以為是上帝認為這個人值得祂伸出援手，因此使他免於受苦。事實上，是那個人對自己力量的體認將他從痛苦中釋放，於是有了神奇的結果。

如果你們跟別人之間的溝通管道沒有開啟，那麼無論是面對面或是遠距，你們都無法對話。祈禱，就是你們和源頭（在振動上）的對話，祈禱啟動了你們的內在連結，開啟直接溝通的管道，當你們的振頻轉變為跟你們所要求事物的頻率一致，這時的祈禱才會真正有效——無論是請求得到療癒、和解，或請求事情得到解決。祈禱會讓祈禱者處於所請求事物的頻率裡，這是顯化的至高行為。透過祈禱，人們體驗到所祈求事物的能量，而在將一切都交給神的無限力量後，祈禱者不再陷於無助，因為祈禱本身就是創造的行為。

當然，有多少人就會有多少種不同型態的祈禱。如果人們祈禱的時候和神性是分離的，他們可能會發現這些祈禱的感覺空洞，他們也不會經驗到任何改變。譬如說，祈禱者在祈禱時覺得自己不值得擁有祈求的事物，或覺得他需要努力才能得到神的眷顧。這樣的振頻事實上會使他脫離與神的連結和共振。雖然還是會有一些能量上的轉變，但因為祈禱者並無法真正寬恕自己所認為的負面行為，因此阻礙了振動的改變，而振動的改變正是減輕痛苦所必須的。也就是說，如果一個人把痛苦當成自我認同的形式，認為自己應該被懲罰，或認為痛苦是活著無可避免的結果，那麼那個人很可能無法從禱告體驗到太多安慰與解脫。

就如任何的能量變化，如果一群人一起祈禱，祈禱的力量就會擴展，但這並不表示單獨一個人的祈禱比較沒有效果。事實上，只需要一些能量，就可以在能量頻率上產生漣漪效應。如果有幾千個人一起祈禱，這每一個人都是在啟動自己與源頭能量的連結，即使他們是為別人禱告，祈禱行為的本身便會改變他們的能量場，並進而影響祈禱對象的能量。這樣的祈禱具有效果，但不會像祈禱者在祈禱時改變了自己的能量場那麼有效。**當一**

個人為自己祈禱，在能量上的力量會比一群人為他祈禱更強大。這不是說不用為別人祈禱，這只表示一個人對自己生命道路的能量影響，要比別人對他的影響來得強大得多。

因此，當你為別人祈禱時，要知道，你的影響並無法強過或改變那個人生命道路的能量趨勢，但**你的祈禱作為慈悲與撫慰的行為，能夠支持和提升對方的振動場**。無論你的祈禱是為了誰，主要都在於改變自己的振動並因此影響，但不必然能夠改變別人的頻率。

我們會建議，透過祈禱，開啟你們與神性連結一直存在的通道。與神的連結會帶給你們最高層次和最神聖的存在感。當你祈求療癒，你會接通自己的療癒力量；當你祈求原諒，你將體驗到自己原諒別人的需要；當你祈求免除痛苦，你對於痛苦的意義將有不同的看法。透過這樣的方式，你將真實擁有身為共同創造者的力量，並獲得來自內在神性源頭最高面向的支持與指導。

請解釋冥想的好處和練習冥想的最理想方法。就我本身而言，而且我也聽過很多人說，冥想很有挑戰性，卻似乎沒什麼效果。

首先，我們要建議你們，不要再「努力」冥想了，你們要開始用「玩」的心情來進行。

冥想不需要是生活裡一個嚴肅、受控，或甚至排訂好時間的大事。事實上，以你為例，我們會建議你不要把它當作日常生活外的事，或者另一項工作。如果你用跟工作一樣的心力來冥想，你的心智會是在繼續工作的狀態，而不是一個寧靜、放鬆，隨內在流動的狀態。你對冥想就是用這樣的方式。我們要強調，這對你不會有效的。冥想若要有任何效果，必須是來自內在的流動，一種好玩的感覺，一種能進入存在的更自然狀態，這樣的狀態讓你能更深入內心，到達合一、寂靜與神聖靜謐的振動狀態。

你對「靈性探索會帶給你什麼」的期待可能阻礙了你自然感受到它的能力。靈性的體驗往往是能量上的微妙變化，你們的五種感官幾乎無法看到或感覺到，有時是在事後才明顯。

我們想強調，正是在你覺得沒有時間照顧自己的時候，你才最需要冥想。我們覺得練習冥想對你不是很有效，是因為你把它看作是清單上另一件要完成的事，而不是一項神聖的行為。

如果你覺得平日很難找到二十分鐘冥想，那麼你可以試著把冥想一點一點地帶進生活，而不是一次做滿二十分鐘。我們建議你從早上就開始。起床時，先設定你要與更高自我連結的意圖。然後在一天的活動當中穿插一些休息的時間，不論是在室內或戶外都可以。在這時讓自己的心靜下來，對更高連結打開感官。如果你發現靜靜地坐著無法帶你進入你想要的狀態，我們建議你在每天散步時、離開辦公桌短暫休息時、陪伴孩子時，還有睡前，記得你想要靜心和感應更高連結的意圖；這些時刻都是冥想的時刻。把達到更高的靈性意識狀態的意圖帶進你原本就在做的事，而不是變動平日的時間安排，想要「努力」找到與更高意識的連結。這樣的做法會為你創造出更好的能量流動。

我們也想指出，你在寫作的時候其實就是在某種冥想的狀態；你與大家分享的智慧需要在某種意識狀態才會浮現。這跟別人在冥想時體驗的狀態是一樣的。因此，當你寫作時，我們認為你就是在冥想的意識狀態了。

關於冥想，我們覺得你的另一個障礙在於你想要控制你的外在狀況。或許其他人也是如此。雖然你的意識狀態比較高，瞭解宇宙能量的流動，但你也覺察到你的周遭欠缺所謂的智力（這在你之前的問題有說明過），你覺得還有很多事要做，時間卻不夠用。這讓你處在一直要做事的狀態，而不是允許事情發生（這是較自然的能量流動狀態）。你不是只需透過那二十分鐘的冥想就可以到達那樣的境界，而是在每一天的每一刻，你要選擇專注在每一件事上，在小睡片刻時，在安靜沉思時。記得，每一天都要過得從容自在；找時間體會和享受純粹的存在，不要一直做做做；抓住你那不斷打轉的心智，允許它休息一下，安靜一會兒；對那些將你拉進他們能量場的人與事，你也要有更多觀察和辨識。然後你會開始看到自己漸漸鬆開對生命的掌控，不再覺得需要主導，你因此會更容易進入自然的能量流動狀態。

相對我們而言，你們每天花多少時間進行冥想及心靈上的探索？

我們的日常生活已經達到不再需要練習冥想的意識狀態了，因為它已成為我們生活的一部分。你們也可以說我們隨時都在冥想，我們會透過那個更高的意識狀態工作和活動。這不是你們宗教學者所定義的開悟。不過，這是我們至目前為止所能達到的最高形式的開悟意識。有時候，我們也會覺得需要停下日常活動，回到更平靜和寧靜的意識，但我們不用花太多時間就能清除那些使我們方向偏離的能量，回到更平衡的狀態。

同樣的答案也適用於探索更高的能量連結上，因為這已是我們日常生活的一部分，我們不再需要找時間全心專注在練習與更高的能量連結。我們「存在」的狀態會自然地與神連結，與彼此連結，與更高的知識連結。

我們是透過冥想、能量工作、療癒分歧造成的創傷等多種不同方式，而到達這個讓我們對自己和別人都有更多慈悲心，並且和睦相處與平和的狀態。

我們要如何避免災難？要怎麼中樂透？避免那些極端奇怪、不尋常或痛苦（身心兩方面）的「意外」（或不想要的事情成真）的最好方法是什麼？當然，所有的事都可以幫助我們成長，這不是問題。我想問的是像死於恐怖份子的攻擊、中樂透、失去孩子、發明某種全世界流行的趨勢（例如呼拉圈或智慧型手機）等等。這些極端的顯化事物是否只因極端且堅持的思想？

這個問題包含了一些可能是因為命運、努力的顯化，或轉世前就預設的目標，然後由相關者的非實體面向在發生的那一刻確認等例子。生命的道路雖然大部分是由個人的選擇和自由意志所決定，但也有其他因素在作用。靈魂投生為**此次肉身的那一個面向**（譯注：靈魂有許多面向，或稱靈魂碎片，此為超靈的概念，可參考《超越線性時空的回溯療法》）創造了那個生命道路的藍圖，這個藍圖包括了學習、成長和體驗的機會等特定狀況。個體因此能運用自由意志來回應生命情境，使自己從經驗中成長，也或者，讓自己成了情勢的受害者。事實上，挑戰性的情境具有更高的意義，這個意義超越了人世經驗會帶來的任何痛苦。當某人遇到狀況，他如何回應將決定或創造出他接下來的路。如果這條路包括一般人認為的早逝，或暴力，或令人不安的死亡，請相信也請放心，選擇這次人世的那個靈魂面向，事前已經同意那個死亡了。無論外界如何看待那個死亡，失去生命並非靈魂無法控制的事。

所有的生命經驗雖然都可能因為自由意志的選擇而啟動或化解，但所有可能性都是在投生時就同意的。因此，如果某人有早逝，或嚴重受傷，或遭受其他痛苦的可能，這些都是獲得靈魂的同意而發生，並非靈魂被強迫接受。所有出現在轉世生命裡的角色也都是靈魂在進入肉體前就同意的了。根據這些角色在面臨情況時的回應，他們的發展也有無限可能。由於人世的挑戰為靈魂提供了進化的大好機會，因此肉體生命經歷的事是靈魂所同意發生的。這意味如果有人被恐怖份子殺害，他和恐怖份子都已事先同意在這一世扮演這樣的角色。

當然，這些生命道路的結果或安排並非不可避免，受害者因此有可能「意外地」錯過班機，或遲到，或發生某件事使得他退出這個經驗，因而改變了生命軌道。恐怖份子也可能改變心意，或恢復理性，決定不執行任務，也或者武器發生故障。雙方的各種可能性都已被考量過，每個靈魂也都事先決定了他們要演出的角色，不只為了豐富自身的生命，也是為了事件裡會影響的每個相關人。這些相關者選擇了參與這樣的經驗，即使結果可能是痛苦且充滿哀傷。

對肉體生命而言，這是很難理解的概念，因為人們會本能地選擇避免痛苦和負面情境，人們認為早逝是很大的悲劇。從很多方面來看，也確實如此。但是當靈魂回到非實體的狀態，你們就會意識到透過這些情況所提供的禮物和課題，並瞭解到痛苦可以豐富靈魂的經驗。

要瞭解，有些靈魂同意了要體驗極端的人生，他們可能會經驗盛名、財富、疾病、身體或心智上的挑戰、承受失去的痛或貧困。也有些靈魂選擇比較含蓄平淡的生命經驗，較為內省沉思的生命道路。

沒有哪個選擇會被評斷為比其他選擇更好。也沒有任何行為會被判定為對或是錯。只有肉身的自我意識才會形成這種批判，因為苦難和痛苦只存在於肉身的心智裡。

因此，逃避任何可能會導致生活裡的悲劇、痛苦或死亡經驗的情況是肉身的本能，但老想著這些事只會令人失去生活下去的勇氣。靈魂進入肉身後，不復記得它所規劃的生命藍圖，因此無法完全知道人生道路會發生些什麼事，但那個人的靈魂面向卻完全知道這些可能性和發展，並且仍然同意了投生轉世，這是因為這些情境為靈魂帶來的豐富價值遠遠

超過那些後果所帶來的短暫痛苦。

當然，這絕不是一個人在痛苦時會有的自然想法，因此，你們需要相信並且接受這就是真相。死亡並非是它表面看似的悲劇，靈魂也不會帶著任何受苦的記憶。所有的痛苦都是暫時的。無論死亡是如何發生，當靈魂回到它原本的自然狀態，死亡都會是平和與美好的經驗。當死亡發生得突然和暴力，靈魂在過渡時會得到協助與照顧，然後進入非肉體存在的平靜狀態。

我們要再次強調，任何生命的價值並非以生命的長度來衡量。一個孩子的生命無論多短暫，對於他所接觸到的每一個人都有重大意義。所有的經驗都有它的正當性，即使是你們想要避免的經驗。刻意避免某些經驗有時反會使人失去快樂生活的能力和喜悅。信任你的生命軌道，專注在能夠創造喜悅和快樂的事情上，做一切事情都懷著愛，這可以幫助你們減輕恐懼並知道自己是永遠被宇宙所愛和支持，即使是在痛苦和哀傷的時刻。

你們做的工作，以及我做的工作，真能造成影響嗎？

哈，我們也經常問自己這個問題，而當我們探索所做的工作時，答案總是正面的。對那些意識能留意到的人，這個工作是對靈魂的召喚。我們感應到宇宙知識，想和別人分享，協助他們跟自身及源頭有更深的連結。這是我們的道路和目標。這不是一般的工作，這是喜悅，是無法抗拒的渴望，是一旦感覺到召喚就無法拒絕的命運。

我們的內心與真相共鳴，我們受到驅策要與別人分享真相，這個驅動力大到讓我們甚至投射自己到遙遠時空，就為了傳播和宣揚我們知道的真相。協助別人擁抱這些概念是宇宙最高的召喚。這怎麼會不造成影響呢？

大家常常提到責任，尤其是在重視靈性發展的圈子。我們有很多人都聽過應該把別人的需要放在自己的需要之前的說法。作為一個種族或物種，我們是否對彼此負有責任？

當說到一個人要為自己的生命負責，要明智地使用自己的能量時，「責任」這個字似乎有某種負面意味，使得很多人想要逃避。有些人甚至會製造出怪罪他人和環境的受害氛圍，好為自己卸責，因為他們不想為自己的快樂與平靜負起責任。

如果一個人的快樂與否受制於別人的反應或行為，他就不會覺得需要為自己負責，因為他不覺得他控制得了別人的情緒和心態。當這樣的生活方式成為了習慣，縱使活得痛苦，他仍會覺得舒適，因為不用為自己負責。然而，確實有「快樂的責任」這回事。我們想建議你們，當你們出於責任而行動，也同時表達你們的愉悅，因為**承擔責任也可以是愉悅的事**。如果你們能為自己的生命負責，不被別人、事件和情況所控制，你們會感到滿足。當你們選擇自己的生命道路，不再被別人的情緒和行為捆綁，你們將獲得自由；這是生命的最大喜悅之一。我們非常建議你們嘗試。

當透過慈悲服務的角度來看，對別人負有責任也可以是充滿喜悅的事。當我們心裡有愛和悲憫，我們對別人所做的任何行為都會與我們真正的目標一致，而我們的生命目標有很大一部分就是服務他人，在世界發光，鼓勵並啟迪周遭的人。

雖然有些責任確實比其他責任更沉重，但要瞭解，你們對責任的態度會決定責任是沈重惱人，還是愉悅的自我表達的形式。當感到責任繁重時，你們有必要評估，看看自己能否換個角度看待，如果難以負荷，可以要求協助。

你們也要知道，**去改變或療癒另一個人永遠都不是你們的責任**。關懷他人是一種支持、愛和慈悲的行為。這表示對他人善良和體貼，而不論斷或譴責他們的選擇。打從心裡關心別人就是神聖的愛的行為。只有當你們批判、論斷他人，或覺得別人沒有感激你們的好意時，責任才會變成負擔。我們會建議，檢視你們怨恨的感受，找出它的來處。當感到怨懟時，選擇換個不同的觀點。

我們每個人都要對自己散發的能量負責；我們要關心自己也要關心別人，對自己慈悲，也對別人慈悲。我們不用一直對所有人負責，我們不用為解決地球或宇宙的問題負責。帶著喜悅和感恩的心情做你們份內的事，透過善意和善良行為的能量，這個世界將得到支持而修復自己。

這些資訊應該免費提供給大家嗎？

我們希望這些經由翠西、麥克，還有其他人的努力和才華所發表和出版的通靈資訊，以及書裡的練習，被看作是寶貴的智慧啟迪。雖然在我們的世界，我們已經沒有使用貨幣交易，但我們瞭解這些事物的能量價值。因此，我們完全支持你們收取費用。你們付出很多時間和能量來計劃與準備這本書，因此這個交換可以補償能量上的付出。

即使是在沒有貨幣交易的制度裡，也會有其他類型的能量交換。我們的共識是，只要有人提供了才華、勞力和時間，之後當他有需要時，他將獲得類似價值的能量回饋。在你

們目前的體制裡，這是以貨幣的概念執行。貨幣其實就是替代所積欠的能量。你們要了解，即使是禮物或免費的服務，仍然有某種形式的能量互換。當時間和能量沒有互換或回報，它們的價值往往被低估和不被感謝，能量的流動循環也就沒能完成。因此，你們收取適當費用來交換我們提供的資訊和你們付出的時間與能量，這是非常恰當的。

關於開悟，我們能夠追求什麼呢？

我們觀察到，在你們的世界裡，有很多人認為開悟是心靈追求的終極目標。事實上，他們認為開悟是任何存在的終極經驗。在你們的信念系統裡，有很多關於開悟的描述，像是在山頂上開悟，或是認為只有最有紀律的修行者或靈性大師才能開悟。開悟往往被認為是意識上難以達到的奇蹟，是靈性覺醒的最高境界，只有少數終身追求開悟的人才可能實現。就這個意義來說，它引領我們與源頭合一。

我們會說，這些觀念都是胡說。

我們反而要告訴你們，開悟是一種持續的狀態，它引領我們每天自我發掘、自省和探索內在。無論是在物質世界或非物質世界，開悟都是永不止息的旅程。開悟不是最終的目標，旅程本身才是。每一個喜悅、每一個衝突、每一次痛苦、每一次勝利，都是得到某個啟示或開悟的機會。你在實體世界遇到的每一個經驗都是機會，它可能讓你對自己或你的存在多一些瞭解。而你對這些經驗的回應方式決定了你會如何體驗這些經驗。因此，開悟可以被視為一長串的光，每一次你學習到你的存在的某個面向，無論是生理、智力、精神、情緒或神秘的一面，這串光就會亮起來。

你們從最簡單、所能想像到的最普通的事情上，都能得到啟發。從日常生活接觸的事物、早上安靜的通勤時刻、與朋友的深刻對話、和伴侶的極樂結合中都可以體驗到。開悟通常**不是**有意識的與神合一的經驗。它是一束照在內在覺知的光，是潛意識和真理共鳴的一刻，是你內心隨時都知道你正在你應該在的地方，然而，這些層次的意識經驗會被你們心智不間斷的話語所遮蔽，因為你們的心智總是專注在後天習得的謬誤信念上。

你們的生命永遠都會從這些得到啟示的小小時刻中獲益。事實上，這些時刻正是你們選擇以肉體來體驗這一世的原因。在靈魂的更深體悟中，在意識的安靜止息中，靈魂點亮的每一小束光，都增加了整體靈魂的光芒，讓我們大家更瞭解神性的本質，以及意識的共通法則。即使你們在意識上沒有覺察到，這些時刻都提供了無價的學習，讓你們更瞭解存在的本質，而它的層次遠超過你們的大腦所能理解的範圍。

因此，我們建議你們，不要再以追求開悟的終極經驗當作你們存在的目標。我們認為，佛陀在菩提樹下的經驗只是心靈的啟示，是他的意識和神性意識的連結。那不是他靈性之旅的終點，而是起點。就像對任何感覺到召喚的人一樣，這會引領你們向內檢視自己的意識，朝向神聖源頭擴展能量。

然後，在你們不再追求的時候，開悟就會發生。當你們盯著咖啡的時候、擁抱孩子的時候、剛完成一個工作的時候、和朋友爭論的時候，無論你有意識的心智是否知道，都會是開悟的時刻。有時，它會是一個巨大的靈性上的頓悟。而在那清澈的一刻，一個新旅程就開始了。

為了我們能夠完成靈魂的生命目標，你會給哪十個建議？

如我們先前討論過的，你們決定投生到這個時空是為了完成特定的學習並豐富你們的靈魂。你們的生命道路的藍圖已設計了要為你們的學習提供最好的支持。你們之前已決定了怎樣的學習最適合你們的靈魂演化，也最能豐富靈魂。然而，這些任務不一定都會完成。你們有可能無法克服某些挑戰，或個性無法專注在目標上。以下便是一些能確保你們所做的選擇最符合靈魂目標的方法：

1.傾聽你的直覺，也就是你的內在聲音。這個聲音直接與你的高我或你的靈魂自我溝通。高我知道真正的你是誰，知道你為什麼在這裡，但你的意識並不見得完全知道。透過傾聽直覺的聲音，你會得到指引，做出你之所以投生地球的最適當選擇。直覺自我也和神聖智慧有直接連結。練習加強你的直覺自我，你會變得對自己的能力更有自信，對自己感到更自在。你對自己做的選擇越有自信，越能做出對自己有利的選擇，而不會因這些選擇的結果責怪他人。

你的直覺會成為你的內在熱情、渴望與天賦的聲音，它知道採取什麼行動會帶給你今生最大的滿足感和意義。它會帶給你細微的、鼓勵的驅策和提示，告訴你是做出改變的時候了、是設定目標前進的時候了，或是休息的時候了。學習注意這個內在的聲音，它會是協助你們辨識人生目標的好方法之一。請允許自己被內在的渴望引導，允許自己去感覺你們所需要感覺的一切。

2.擁抱並榮耀你的才華及天賦。如果你不相信你有任何才華，回想你的童年。你那時候愛做什麼？你的注意力都放在什麼上面？你做什麼一做就好幾個小時停不下來？什麼讓你感覺才是你的靈魂工作？如果你生活中已經有你熱愛的事物，你是如何表達？恐懼和不自在是否阻礙了你表達真正的自我？你是否被人類的文化所制約，認為只有能賺錢的才華，或是能讓你獲得長期工作保障的天賦才值得追求或表現？

3.在所有經驗裡尋找課題和禮物。你們必須瞭解，你們為這次投生所選擇的道路，每一天都提供了你們學習、成長和進步的機會，並不是只有得到重大啟示或面臨挑戰才是學習的契機。只要你們選擇看見，即使是最普通的日子也提供了禮物。

在每一件事上保持覺察，從日常瑣事、對話，到重大決定、危機、與人爭論當中，你們都可以找到真實自我的反射，以及宇宙對路途的指引。任何時候，如果你們覺得需要做出改變或找到更高的道路，請傾聽內心的渴望，留意你們的內在催促，探究這個聲音意味著什麼。宇宙往往會創造某種不安或不滿足的感受，為的是驅使你們持續往前。

4.寫日誌。在日誌上表達內心最深處的感覺、想法與渴望。這是接觸真實自我，瞭解那些不尋常的驅策來自何處的最好方法。寫下生活中發生的事，看看那些事和你們的思維模式如何呼應，這也可以幫助你們瞭解對外在生活的想法所帶給你們的能量影響。書寫也會協助你們以具有創意的方式跟內心深處對話。在紙上釋放壓抑或挫折的感受，可以使能量繼續向前流動。

我們會建議你們寫下夢境、希望和渴望，以及自己最棒的特質、技巧和才華。然後重讀所寫的日誌，看看你們是否可以客觀看待。你覺得日誌裡的這個人如何？這個人最適合怎樣的自我表達方式？

5.溫和對待自己。把所犯的錯和所做的錯誤決定都當作是把你帶到目前所在情勢的原因。因為不論你選擇怎樣的關係、工作或物質收穫，除非你選擇要從這些經驗裡學到東西，不然它們都不足以引導你到達下一個人生里程碑，因此你可以放過自己，不用每件事都要做得完全「正確」才行。事實上，你無法做出「錯誤」的選擇，因為每個選擇都有它的潛力。這些潛力可能包括了很多的開始和停頓、很多次的重新調整方向，以及挫敗失望和興奮地重新開始。這些是你計劃這次轉世時就想要經歷的旅程。如果你只想體驗容易的事，然後避掉任何問題，那你就是對你預期的人生有所誤會了。允許自己跌倒，但要保持警覺。在你認為的失敗裡找到意義。只要你願意，那會是你真正成長進步的時候。

6.避免比較。當你在人生道路上適應著各種改變時，你往往會覺得別人的路比較容易，或是他們比較能幹。要了解，這是謬誤的想法。你因出於自我渴望的投射，看到的是他們表面的生活。事實上，每個進入肉身的靈魂都有必須面對的挑戰、掙扎與不幸。就是透過這些困難的情境，他們真正的本質才能發光，並運用神聖意志作出讓靈魂揚升的選擇。如果沒有不幸和挑戰，肉身經驗會很空虛，也就不需費事走這一遭了。

你們來到地球接受挑戰，持續超越難關。在你們活著的每一天，你們會有許多機會發揮你們的神性。你們對別人的影響不是只在你們獲得巨大成功的時候，事實上，當你們從失敗中振作，克服一次次的挑戰時，你們帶給別人最大的啟發。相信眼見之實會限制你們的眼界，但如果你們以別人的作為訂下對自己的標準或期待，那你們就更是大大地限制了你們可能擁有的經驗。

7.玩耍。在物質世界體驗肉身雖是件嚴肅的事，但我們想要挑戰你們的既定成見。你們認為玩耍或是純粹為了個人樂趣的活動並不重要，也不必要。事實上，透過玩耍、娛樂、歡笑、開心和感官樂趣來表達喜悅，這些都是存在的重要面向。這些活動的能量不但是肉體生命的重要元素，也能啟發和促進其他形式的能量表達，這對你們星球的整體演化至關重要。如果沒有開心、狂喜和喜悅的經驗，完成事情的動機要從何而來呢？不要小看開懷大笑和吃到美食的滿足，或是基於愛而有的肉體愉悅的力量。這些經驗不只是給你們的禮物，它們也是為了集體意識對人世經驗的欣賞而設計。這些經驗的意義和價值遠遠超過了人世的挑戰。我們會建議你們儘可能享受此生的各種經驗。

8.不要隨俗從眾。即使生命軌道帶你們走上傳統教育和事業的道路，你們還是要努力有創新的想法、拓展界線、挑戰陳腐的體制。不要害怕因為挑戰權威或提出新觀點而被懲罰。唯有勇於創造改變，而不是像機器人似地執行任務，個人和整體才能進步。

我們要建議你們，不要害怕受到批評或嘲弄。我們瞭解很少人願意去看到新觀點和改變的價值，人們往往透過嘲笑和蔑視來抗拒新的觀點和改變。但請信任你們的直覺（它會讓你們知道何時需要改變，或何時需要開放心胸，接受新的體制），並且克服被他人評斷的恐懼，因為這是真正的創新者、發明家、思想家和靈性領袖的道路，他們一直無畏地引領著文化、科學和社會體制不斷進步。雖然，並非所有的領導者都會被大眾矚目。

9.不要害怕求助。你的生命旅程雖是個人的旅程，但「集體意識」便意味著需要大家

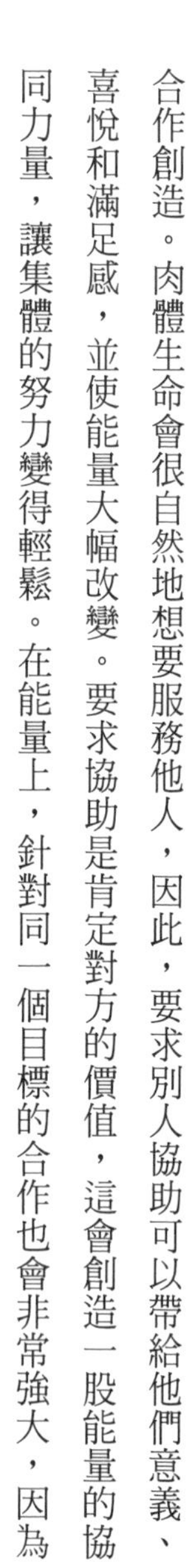

合作創造。肉體生命會很自然地想要服務他人，因此，要求別人協助可以帶給他們意義、喜悅和滿足感，並使能量大幅改變。要求協助是肯定對方的價值，這會創造一股能量的協同力量，讓集體的努力變得輕鬆。在能量上，針對同一個目標的合作也會非常強大，因為加總的能量大過個體。

對他人伸出援手或要求他人協助不但可以創造共同的意義，也能聚集各個個體的才華朝向共同目標前進。尋找那些在能量上跟你最有共鳴的人，你會發現你們的集體力量能夠創造出無限的可能。

10. 做一切事情都要有愛。帶有愛的能量的行為會提升一切，並使一切變得神聖。這包括了許多平時看似與愛無關的事情。發自於心並專注於愛的行為會創造一種神奇。這個愛不限於你們通常聯想到的戀愛，也不限於你所愛的朋友和家人。這個愛也是你對自己的愛，是愛你生活中的一切，是靈魂以各種物質形式表現的愛，是造物者或神聖意志的愛，這個愛透過你們每時每刻表現出來。這個愛在你們的世界有無數的表達方式。

在你們能做的範圍，請嘗試用新的方法來擴展和傳遞這個愛，因為**愛**就是你們生命的核心，也是你們所有存在形式的核心。

我們要如何運用正在改變的地球能量來打造一個更好的世界？

就如先前的討論，在我們和你們對話的期間，你們地球的能量一直很強烈。有些波動非常劇烈，你們這些經常與能量工作的人感受到了，而且也對你們造成挑戰。能量起伏的變化集中在某些強烈的太陽活動的時候，雖然磁場的波動和引力在科學儀器的顯示很細微，但你們星球所有人的能量場都感受得到。意識雖然不是總能察覺這些變化，但意識的其他層面卻能強烈感覺到，有些比較敏感的人的睡眠會因此被干擾，情緒也會跟著起伏或產生困擾。

我們之前說過，這些波動都是更大的能量變化的一部分。這個能量變化在地球上已經發生一陣子了。長遠來說，這些強烈和不尋常的能量將造成人類意識的改變。這些改變會導致地球接下來的變化，這些變化帶來的可能性會很驚人。你們已經可以從最近一些全球性的事件，看到這些能量波動所造成的一些影響了。

你們之中有很多人感受到壓抑不住的衝動，想要發聲反對那些把持著你們星球的腐敗和失效體制。這些人感受到地球能量變化的主要意義就是要**激發大家採取行動，尋求更高意識的生活**。這些人將會引領大家進入新的時代——朝向一體的概念，並使泛濫的消費主

義消聲匿跡，腐敗的領導者垮台。

雖然這時候這些能量變化感受起來可能強烈而難以承受，但正是透過這個能量，你們才能變得溫和：你們會發展出更溫柔的慈悲，並且了解到你們需要瓦解那些分離彼此的隔閡。現在是你們所有人認知到你們是一體的時候了，是了解你們要對所有生命和生態系統負起管理和負責態度的時候了。透過與星球上所有生命的更緊密連結，你們的新時代將會有一個你們從未體驗過的，與環境更調諧的嶄新體制。

意識改變的另一個面向是會跟靈魂自我、靈魂能量和神聖能量有更深的連結。這個連結對某些人可能會帶來短暫的挑戰，但最終，選擇追求更高連結的人將看到這個連結的神奇，並從中獲得偉大的平靜。那些不想參與這個與更高振動調諧的人，也會找到發揮這個能量的其他方式，比如參與音樂和藝術活動等較為塵世的追求。無論如何，每個在朝向更高意識改變的人，都會發現自己是備受祝福的。

在那些覺醒的人當中，會出現幾位新領導者。有些會在政治圈之外非常有名，而且很有影響力。這些新領袖熱愛真理，並會以和平的方式來處理這個世界的衝突，這是識別他們的方法。他們會建議新的體制，雖然一開始會被拒絕改變的人們嘲笑，但將會有越來越多人看到改變的益處與必要而支持。要知道，在這時候興起的政治領袖的影響雖然有限，新型態的領導將會開始出現，他們會找到其他方式來影響你們社會制度的走向，並激發其他人在他們的社區和城鎮創造自己的體制。未來將會有些小騷動挑戰既有的政治制度，一些舊有體制會開始瓦解，新型態的領導將取而代之。這個現象在一開始會是小規模，但在很短的時間內便會以倍數成長。

你們的星球很快會發生許多改變（就在接下來的這幾年內），但這些改變一開始看似細微，而隨著支持者越來越多，你們現在世界裡非常失衡的權力系統將開始動搖，最大的工商業集團也都會感到失勢。

這不表示未來會是可怕的，雖然會有很多人鼓吹恐懼，因為恐懼是面對改變時的典型反應。也因此，你們這些瞭解改變有其必要的人就十分重要，你們要做風暴裡的穩定和寧靜中心，維持平靜來面對挑戰。即使你不認為自己是傳統意義上的領導者，每一位在實踐以更高意識生活的人都很重要。**永遠不要低估你們的力量，你們有能力引導別人進入對整體更有助益的思考模式。**

每當你們面對某個里程碑，像是新年、生日或任何形式的生命轉折時，都是好好檢視人生，看看自己完成了什麼的時候。我們希望你們專注在已經克服和超越的一切，請瞭解，你們此刻會在地球是有意義的。這是你們的最高選擇，你們選擇了參與這個重要時刻。在朝向更光明未來的路上，即使再小的行動都會有很大的影響。記得，善用你們的思想和心態來進行有意義的創造，並且持續檢視自己對眼前挑戰的反應。沒有什麼挑戰是不能克服的，事實上，每個挑戰都提供了讓人類大幅進步的機會。

在現在這個時候，我們希望你們**將注意力放在那些帶給你們喜悅的事情上**。當你們期待未來時，請去感受心裡的那份喜悅。因為你們將與地球上的所有生命一起迎接新時代。能和將從能量轉變中受益並看到未來所有美好可能的人同在是件榮幸的事。我們感到無比榮幸，因為我們此刻與你們同在。

第五部分

更多的問題

在思考要問弗蘭克問題的期間，我的心裡一直記著這句老話：「有些事情你知道你知道。有些事情你知道你不知道。但你必須特別小心的，是那些你不知道你不知道的事。」為了避免跳不出自己的腦袋，看不到自己提問的缺失，為了了解他們崇高的世界觀，我認為我應該要對弗蘭克提出最面面俱到的問題：我還應該問些什麼？

我問哪十個問題會最明智？你們又會怎麼回答那些問題？

首先，我們希望你們瞭解，我們出現的目的是想協助指引並支持你們運用與生俱來的力量去創造、顯化和主導你們個別的生命道路，以及你們星球未來的行進軌跡。我們並不聲稱我們有你們想要的所有答案，我們也無法為你和你們的星球預測未來。我們希望你們明白，未來就如你們手上的一塊陶土，只要你們透過辨識的力量、智慧的選擇、前瞻性的創造，並連結神聖知識，就能催化出每一個人和集體的驚人、豐富、收穫滿滿的存在經驗。因此，以下是我們希望能對你們有所啟發的十個問題：

1.我要如何運用天生的神聖意志和力量，創造出個人和所有人類集體意識都想要的生活？

如果你們想駕馭任何力量，首先就要能覺察到那個力量。認知到自己的神性是連結自身強大創造力的重要一環。這個創造力遠比你們想像得強大。作為一個具有邏輯心智的肉體存在，你們總是要有實質證據才肯接受某個觀念為事實。因此，你們可以試著從記憶中搜尋，回想有哪些是因你的力量而成真的情境。

你能明確找到某個例子、事件或情況，毫無疑問地是宇宙以其神秘難解的方式回應了你的渴望嗎？

你看到了你是如何創造出你至今的人生嗎？

回想過往的挑戰，你能意識到是你對哪些情況的回應引導你通過挑戰，並開創出一條更美好的道路嗎？

當你認知到這個力量，你會開始瞭解，即使是在無意識的層次使用，它也是一股很強大的力量。而當你此刻**有意識地選擇**創造出自己渴望的事物，這股力量就更會聚集起來，使你的渴望在現實生活裡成真。如果你能以驚奇與愉悅的心來見證並享受這個過程，那麼能量將自由流動，不被你的懷疑和不信任所阻礙。

透過愉悅的創造，你會發現你可以將這個能量運用到生活裡的所有情況。你可以釋放意識裡的許多迷思，這些迷思大多來自人們的好意。雖然你們所受的教導是一樣的，然而，經由刻意的選擇，你可以逐漸建構不一樣的真理和世界觀，這會讓你對你的創造力有嶄新感受，不再覺得自己只是個小人物或命運下的受害者。一旦突破這些迷思，你會感到喜悅、自信，並且能將正在面對的掙扎與衝突看作是肯定自我的挑戰，以及展現克服難關並豐盛自我能力的機會。

每個人的力量都是不可思議的強大，集體的力量更是**無限**強大。當你們瞭解集體力量的強大，你們就會開始知道需要如何引導世界的變化朝向對地球和地球上所有生命最有益的方向。即使是一小群有共識的人聚在一起，都會大幅增加創造的能量頻率。如果你被召喚創立社群，成為社群的領導者或老師，你會發現這個能量以倍數增長，即使你沒有馬上看到那個能量的效果。

要有信心，神聖意志會創造對全體，對所有生靈最高善利益的情況。神聖意志也會把那些與你的意圖頻率共鳴的人帶進你的能量圈，幫助移除目前阻擋著你們星球進展的巨大障礙。

2. 我要如何克服多年的深植信念，不再認為自己沒有力量，自己不是社會和無形力量及強勢領導者意志下的受害者？

要改變信念，最重要的第一步就是要先覺察到這些信念。當有人提到你們大多數人處在無意識的狀態，事實上指的就是這個缺乏覺察的狀態。人們對於所謂的「見解」和生命哲學的起源並沒有覺察，因此很容易被誤導或理解錯誤。他們不了解這些**信念其實是選**

擇，他們不知道自己有能力和力量可以創造出新的真理、新的哲學，一個與靈魂的渴望和目標更有共鳴的新信念。

在觀察思考的過程時，當發現不想要的想法或負面思維在腦子裡打轉，你要先有所覺察，並以局外人的角度來觀察這個想法，就好像你正看著它在螢幕或書上出現一樣。這種抽離的觀察可以協助能量不受情緒干擾或牽絆，防止可能因此一再發生的負面思維。

當你留意到你的念頭，你可以選擇把它當作事實繼續思考，你也可以質疑它對你的幸福有何價值。這就是你發揮意圖的力量的時候了。如果你想要自我提升並且更有意識地參與自己人生的創造，你可以把你的想法跟你的意圖核對。換言之，你可以問：「這個想法和我的意圖有共鳴嗎？這個想法會讓我更接近我的目標嗎？」接著，透過選擇，你可以選擇一個跟你想要創造的目標更為一致的想法來取代舊有的想法。

這個過程可能一開始會感覺有些麻煩，就好像在冥想的時候，有時候會有念頭浮現，這時你就要選擇是否要涉入這些念頭。你的選擇會決定你是會在冥想狀態呢，還是冥想被打斷。同樣的，如果你們所選擇的想法只反映了部分的事實或真理，這樣的選擇只會強化受限的思想，妨礙你們的進步。但你們也可以中斷那個思緒，選擇一個不同的、更廣闊的真理，這會使你們的人生更充實和開心。

我們建議你們參考以下的步驟，因為我們了解這些步驟對邏輯的頭腦會有很大的幫助。

1. 設定一個你想達成、實現或進步的明確目標。
2. 養成觀察和傾聽心裡隨意浮現的想法的習慣。
3. 刻意且謹慎地讓自己不被浮現的想法影響，保持客觀，就好像那是發生在你意識的正常領域之外，你因此可以對這些想法較沒有情緒反應。
4. 問問自己，這個想法跟你已設定的意圖是否共鳴？還是反而造成阻礙？
5. 如果你發現這個想法延續了某個你不想要的情況，那就刻意且有意識地選擇一個不同的，一個跟你的目的、你的靈魂、你想要體驗和呈現的能量更能共鳴的想法。
6. 重複上述做法，重複，再重複。

要瞭解，這是一個過程。透過這個過程，你們會持續成長、提升和擴展。你們總是可以把這個過程應用在新的層面，因為你們將持續面對新的挑戰並且繼續進步。也因此，你們必須有一定程度的耐性，在過程中溫柔支持自己。你們要經常提醒自己，你們透過這個程序已經獲得的進展，以避免在面對不同事物的過程中，陷入挫折或自憐的惡性循環裡。

3. 要感受並體驗我和神性的直接連結的最佳方法是什麼？我有可能體驗到上帝出現在我的生命裡嗎？

覺察是在日常生活中體驗神性臨在的關鍵。無論你是否有宗教背景，從很小的時候開始，透過影像、語言和文化，你就被教導上帝的臨在並不存在於人類經驗裡。在你的意識中，上帝高不可攀，你無法連結上祂。只有透過祈禱的懇求、敬奉和死亡，你才能接觸到祂。在這些教導當中，神靈的能量往往被認為是帶有批判和懲罰的至高力量。如果你們接受這樣的信仰為真理，便很難感受到與自己內在神性力量的連結，也很難理解靈魂與源頭的天生關聯。

對你們而言，你們所體驗到的人世肉身是跟其他所有的能量分離，因此你們會很自然地把其他能量區分親疏等級。換言之，你們會去尋找跟自己的能量最有共鳴的人。這樣的契合感讓你們不覺得那麼孤立和不被了解。然而，你們也會把某些人歸為「別人」，你們對這些人會有些同情心，但不見得了解他們，因此可能會批判他們的想法和行為。還有另一些「別人」，你們把他們看做權威或很有成就和優勢的人士，你們覺得自己怎麼也無法追上他們，達成他們的成就，因此對他們的心態可能是批判、挑剔、欣羡或尊敬。

我們想說的是，這些「別人」和你們的能量都有連結，要真正分離是不可能的。你們在人生旅程中遇到的每個人都某程度地反映了你們自身的某個面向。你們可能意識到了，也可能沒有察覺。你們每一個人的確是獨特且神聖的個體，具有獨特的意志、性格和心靈。然而，透過你們的人類血脈和靈魂能量，你們天生就與所有的生命連結，無論他們是否轉世為肉身。而且，無論是實體還是非實體的存在，每一位都天生與源頭能量相繫，同時也都是源頭的顯化和管道。

因此，和上帝、源頭或神性智慧失聯的感覺是個幻相，但這個幻相使你們能運用自由意志、透過獨立做出的選擇，以及有意識的覺察來體驗各自獨特的人世之旅。由於你們是專注在自己的思緒、信念，以及以感官為基礎的經驗上，其他存在體不斷流動的能量對你們意識的影響，並不是你們在日常生活中能夠感覺或感應到的。無論如何，這個明顯的影響是可被感知的；非實體世界的生命和覺知力特別強的人，甚至可以看到這些能量波和能量流。

即使你們只能覺察到最基本的能量運作、能量對自己的影響，以及本身能量的強大，你們就有可能超越人類五感所能接收的有限真相，並開始瞭解與其他生命之間的固有能量連結。如果你們可以開始感覺到這些連結，即使只是隱約察覺，你們就有可能開始瞭解，你們存在的所有面向都反映了神性的意識。

我們會建議你們，帶著上述的覺知生活。也就是說，先簡單假設你是神的化身，假設源頭正在透過你的覺知體驗存在，祂經由你的眼睛看到這個世界、經由你的耳朵聽到、經由你的身體和情緒感覺一切。想像一下，在任何時候，神的能量都流經你的身體，流經你的心靈，在你存在的每個細節裡都有神的臨在。看看這樣的認知會如何使你對外在世界更敏銳，並創造出不同於五感所觀察到的經驗。

要知道，你們是在透過身為能量體的精髓觀察和感受。透過神性的雙眼看出去，一朵花是什麼樣子？源頭如何聆聽收音機播放的音樂？或鳥鳴？上帝如何體驗其他人的能量？

這就是挑戰。認知到你們自己不但是獨特且無法取代的人格化身，也是所有其他存有、所有生命、所有物質、所有意識的化身，就定義上來說，你們**正是**源頭能量的精髓。

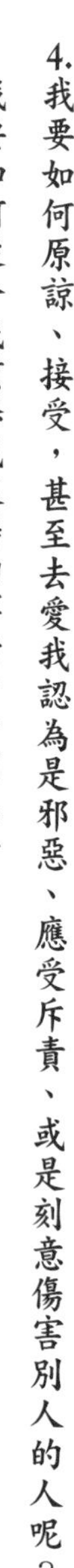

4.我要如何原諒、接受，甚至去愛我認為是邪惡、應受斥責、或是刻意傷害別人的人呢？我要如何從令我憤怒或哀傷的事情中看到美好？

首先，最重要的是你必須明確設立你想達到的目標，那就是內心的平靜。當你認知到內心的平靜是最重要的，而且你有力量為自己創造這個平靜時，你的快樂就不再倚賴他人的行為，而是回歸到你的內在反應。

此外，你也必須知道，當別人對你做出讓你覺得受傷、被輕蔑或被忽視的行為時，很多不同的情緒會被觸發。這些觸發可能連結到你以前有著同樣情緒時的經驗。可能是童年創傷，或在你的意識裡尚未解決的明顯衝突或危機。當你發現這些情緒重複出現，儲存在記憶裡的舊有反應努力想被釋放時，你可能會有些激烈的反應。舊時沒能及時處理的情緒確實會被存放在身體裡，這不只會造成身體的病痛或不舒服，也會造成情緒上的痛苦。當這些情緒被觸動，你的憤怒會爆發或感到極度悲傷。這樣的爆發雖然可以幫助身體釋放儲存的有毒情緒，卻也會對關係造成傷害。因此，很顯然地，當別人的行為挑戰你，令你難受時，最好能夠適時地處理和釋放情緒。

當你開始瞭解，你的內在平靜完全取決於自己，你就會發現你不會再因為別人的行為而長時間感到受傷和沮喪。雖然你可能一開始還是會有情緒反應，像是憤怒或難過，但你強烈希望內心平靜的意圖，以及為自己的快樂負起責任的意願，會使你能更快地釋放這些情緒，不再因這樣的情緒而一直受苦。

除了設定清晰的意圖，我們也建議你們提醒自己，別人的世界觀以及他們在這世界的角色絕不會跟你們一樣。雖然所有生命在能量上天生是連結的，但每一個人都有自己獨特的道路，並因此創造出各自獨特的觀點和對現實的不同看法與認知。因此，期待任何人能完全瞭解另一個人的觀點是不切實際的，而且，當你們努力想理解為什麼別人能對他們的行為所造成的影響或衝擊如此無知時，你們會感到痛苦。這樣的掙扎也會破壞接納與寬容能量的流動，使得內心無法平靜。要瞭解，當你們花越多時間努力理解別人為什麼會有那樣的行為，或不斷在腦子裡回想著過去的事，或想像著要如何報復，你們都會越來越遠離接納與寬容的狀態，讓不安和憂慮的能量得以持續。

身為能量存有，平靜是你的自然狀態，當你對事情的情緒和想法破壞了平靜的流動，你會感到自己的身體、心智和能量都不對勁。如果長期在這樣的狀態，你會發現自己養成了受害者的思考習慣，開始為自己的不安責備別人、責怪環境、怨天尤人，而你也將離真相越來越遠。真相就是：**只有你自己才能做出改變，回到平靜的自然狀態**。掙扎始於你，

也必須終於你。內心的掙扎雖因外在事件觸發，但你的反應會讓它持續，而也只有你，才能控制你的反應。**當你為自己的快樂負起責任，你就會看到自己的力量。**

如果你發現自己習慣對外在刺激做出負面回應，首先你要能覺察這些回應並好好觀察，注意你的身體、內心、你說的話和語調的變化。當你還在情緒裡時，要做到並不容易，但你可以事後回想、思考。要瞭解，你的回應是一個選擇。回應顯得不假思索或自然，是因為你已經養成了那樣回應的習慣，而你不曾想去改變那個習慣。問問自己，你當時可以怎麼選擇？那樣的選擇會更符合你想要平靜的意圖嗎？你有沒有方法表達自己的立場而不產生衝突？如果不說話是否更好？你可以等情緒穩定後再回應嗎？為了證明自己是對的，內心的衝突有必要嗎？

這種自我檢視對於打破舊有的反應習性，幫助創造更周詳、更謹慎的回應很有效。要瞭解，你們之所以因別人的行為而傷心、失望或受挫，是因為你們基於個人的經驗和世界觀，對他們的行為設定了某些期待。一旦你們理解這些情緒是因為期待落空，也許你們就會選擇改變自己的期待，接受自己其實並不了解他人的立場和經驗，也因此不能把個人的觀點投射到他們身上。

當你接受你的情緒是自己的責任，而不是因為別人的行為，這樣的想法與認知會讓你能夠原諒、放下，並從你認為的傷害裡學習。檢視一下，你可以從這些負面經驗中學到什麼？

每一個相遇都有禮物。所有和別人的互動都是讓我們透過別人更清楚認識自己的機會。

5. 如果我自知曾經傷害別人、讓別人受傷，我要如何和自己和解？我要如何療癒我對自己造成的痛苦？

要瞭解，你怎麼也損傷不了你的靈魂本質。身為源頭能量的延伸，無論你在人世選擇怎樣的行為，你的存在核心將持續燦爛和完美地發光。

此外，我們有必要重申，**你這一世的生命經驗是決定於你的選擇**。如果你發現自己正在受苦，也正是在這些受苦的時刻，你能夠敏銳地意識到這個真相：**你在思想、言語、行動和表達上的選擇決定了你的生活狀態、你未來的人生軌道，以及你所傳遞的能量**。當你發現自己在做選擇時犯了錯，記得，要如何回應自己的錯誤也是選擇，而這個選擇若不是讓你找回自己的內在平靜，就是會讓你更遠離平靜。

我們希望你們想想，如果有一位你愛的人來找你，她很痛苦，她因為錯誤的判斷、情緒化的反應或報復的心態而與別人起了衝突。你會怎麼勸她？你會譴責、訓斥她？會批評她，對她生氣？還是會溫和、善意地安撫並告訴她，人都會判斷錯誤，然後要她原諒自己？你的答案證明了你內心知道你該如何處理自己的類似問題。只因為你們是在扭曲的信念裡，才覺得需要為自己的錯懲罰自己。

若要看清問題，第一步就是要從一個擴展的觀念來看。這在衝突發生時可能很難做到，但如果你能保持冷靜，我們會建議你採取超然的觀點，就好像事情是發生在別人身上，看看你能否透過旁觀者的眼睛來看待衝突，從觀察者的角度評估自己的反應，而不是將事件看做個人的經歷。

這個更廣闊的觀點會使你能更清晰地看待事情，你會發現你的看法不再被混亂的情緒和雜亂思緒所影響。在這樣的明晰中，你會看到你的行為背後的真相。你可能發現你的反應並不一定是因為別人的行為，而是出於自我保護和自以為是的心態。如果你能瞭解這樣的反應是後天學習的，而你的自我已被設定為要保護你的心靈不受威脅（不論這個被認知的威脅是否真實），你會開始瞭解你有力量克服這個後天習得的行為，不被它所制約。

自我是自我意識很重要的一部分，它讓我們以自由意志和思考後的目標來體驗肉身的經驗並做出回應。然而自我並非一直都是正確的，自我會誤解事件，把完全不相關的事當成威脅，並往往基於情緒和自我保護而做出反應。如果一個人的內心不平靜，他會更容易有受到威脅的錯覺。我們發現，自愛和自尊不足的人較易有恐懼的心態與防衛的行為。內心平靜的人很少會把別人的行為看作威脅，當感覺被冷落輕視時，他們也比較不會有防衛性的反應。

因此，如果你能瞭解，傷害他人是因為你內心的不足感，也許你就能開始採取步驟修正你的信念，讓它能帶給你力量並堅定你的覺知。你的自我並不需要延續以往帶著恐懼或防衛心態的行為，因為修正後的信念會使你在未來的反應是出於同理和同情心。

接下來的關鍵步驟是原諒。唯有先瞭解原諒就是放下，你們才能真正學到原諒自己和他人。原諒不是為傷害的行為找藉口，它是愛與慈悲的行動，它是瞭解肉身經驗是透過錯誤來學習，犯了錯才能學習如何改正。宇宙不會批判這些錯誤，也不會因此懲罰你們。在設計上，你們為這個肉體生命所選擇的道路就是會有許多要選擇如何回應的機會，因此也無可避免地會做出一些對自己和他人都不是最好的選擇。

你們也必須瞭解，在你們生命舞台上的所有角色，也都做出了引領他們經驗到衝突情境的選擇，他們也因此有機會選擇如何反應。如果他們選擇看到傷害背後的禮物，他們會

從中受益許多。

正是透過上述擴展的**觀點**、**覺察**、**原諒**、**允許**和**接納**的過程，你們的選擇將帶你們回到原屬你們的自然狀態：平靜。

6. 人們要怎麼跟令他們感到痛苦或甚至厭惡的身體和平相處？他們需要怎麼做才能感受到生為肉身的祝福而不再掙扎抗拒？

第一步就是要了解你們反抗的不是你們內心認為自己的身體應該看起來如何或怎麼舉止，你們抗拒的是被文化制約和被灌輸的想法。文化對於美和價值的標準是基於少數人的看法，這些少數人認為他們可以決定，可以規定社會認為的美與價值。你提到的自我批評的本性是源自人們的信念，他們認為他們必須符合並遵循文化的標準，如果沒有的話，他們會被排擠。但事實上，是他們自己在排擠自己。

由於人類非常仰賴五感來體驗現實，事物看起來應該要如何如何總是被強調。這些視覺提示讓你們感到安全，它們讓你們遠離你們厭惡的事物，也讓你們被美麗的事物吸引。所有生物的大腦都有對五感所感知到的事物作出回應的內建本能。你們會被某些事物吸引，也會避免某些事物，這原本就是大腦的設計。

但是，這個過程的某些部分是透過學習而來，比如美感。當你檢視其他文化和時代時，你會發現你們對美的標準一直在改變，尤其是對人體的美。我們會建議你們想想並自問，這個標準從何而來。這是大腦的天生功能嗎？還是這又是另一個基於文化所認為的正確而學習來的信念？你能夠替換這些後天習得的信念，創造出與你認為的美和人類形體本質更有共鳴的信念嗎？

這裡的衝突是來自你心裡知道的真相，以及你腦袋裡被灌輸為真相的想法。你的五感傾向後者，因為它們和邏輯及思考的認知過程有直接連結。大腦的功能包括了將習得的信念變成自動設定的真相。然而，正如你可以改變電腦設定一樣，你也同樣可以改變大腦的設定，讓它接受不同的真相，一個與你靈魂的智慧和內心聲音更能共鳴的真相。

你們人類的文化並不強調愛自己。事實上，很多教導會要你們不去愛自己。很多人認為愛自己是罪惡的、虛榮的。孩童在小時候就被告誡要避免自我中心，不要認為自己是重要的。因此，你們的大腦從小就被設定為把注意力放在自己的缺點和需要改進的地方，還有那些醜陋、需要隱藏或修正的部分。也因此，當你們看著自己身體時，你們習慣於只看到問題。

你們需要瞭解這個自我批判的背後心理。後天習得的信念不只會設定大腦的思考方式，它也會造成看待自己身體的方式。這表示你們所看到和感知到的自己是個錯誤影像，那是已被錯誤的信念過濾，當成真實的影像再投射到你們的視覺皮層。你們一直相信你們的眼睛不會說謊，事實上，光照射到物體，經過反射後的光進入眼睛，再傳送到大腦的畫面被詮釋成有缺陷的影像，因為它被你們的信念系統所扭曲。信念系統已隨時準備把自我影像詮釋成是有缺陷的。

接下來的一些練習可以幫助你們重新設定信念，因而創造出對美的不同感受，並且改變你們對自我影像的認知。

試著覺察你是如何看你所愛的人，為什麼覺得他們美。當你看著一個孩子，或一位好友，或一位家人，你看到了什麼？你注意到自己是很自動地覺得他們長得很美呢？還是你在找他們的缺陷？你能不能找到社會認為的缺陷，但你卻覺得很美的地方？你是否注意到你的眼睛會被你愛的人的臉和身體吸引？而即使是在你們社會標準不認定是美的事物裡，你也看到美？

有了這個覺察之後，再在鏡子裡看看自己，觀察一下你看自己時的差異。你在尋找美還是缺陷？你的眼睛會自動尋找需要改善的地方？還是可愛的地方？你能夠在自認有缺陷的地方找到美嗎？

現在，趁著這個練習的結果在你的腦裡還很鮮明時，把它分四個區塊記下來。第一個區塊是你在你愛的人身上看到的美。第二個區塊是你在他身上看到的缺陷。第三和第四個區塊是你看到的自己的美與缺陷。觀察這些部分，冥想沈澱一下，然後下決心要用更平衡的觀點來看待它們。

現在，專注在有關你自己的部分，看看你能不能每天把一個缺陷移到美麗的那個區塊。不要只是機械式的做，要真正專注在每個你看到的缺陷，然後感受它內在的美。每次你挪動一項缺點或瑕疵，祝福它，和它和解，愛那個缺陷裡的美，並且下決心釋放讓你內心交戰不已的既定批判。

你們同時也要設定意圖，透過這個練習去瞭解觀點的意義。當一個人處於生命危機或不幸事件時，他充滿情緒的反應會使他無法看到其中的課題或禮物。只有經過時間的洗禮，人們才會學到某個觀點或危機裡的祝福。自我的形象也是一樣。當一個人以自己的想法看待人生，他往往無法體會外界的觀點。雖然外界的觀點往往會更柔軟、更善良、更有智慧。這時的關鍵在於超然。當你允許自己抽離過往習得的觀念，創造一個跟你看待別人的觀點更一致的新真相，當你練習用不被心智設定的觀點看待事情，當你進入更高的真相，你對自我的視覺詮釋將被重新設定，你會看到更真實的自我影像，看到自己是美麗、神聖的宇宙靈魂。

7.要如何找到平衡生活的最好方法？我好像永遠沒有足夠時間做我想做的所有事情。我要怎麼創造時間？

我們要再次強調，你必須清楚知道你要什麼。想要一個更平衡的生活，很好，但如果你一方面想要平衡，一方面又害怕放手生活裡的任何事物，那麼你想要有更多時間來完成你想要實現的事情的努力就不會那麼成功。

你們要瞭解，肉身往往會出於恐懼而緊抓住實體的東西。肉身也會緊緊抓住責任、關係和習性，因為這些事物已經成為自我認同的一部分，人們害怕少了其中一項，自己就不完整。然而，緊握著與你沒有共鳴的外在事物只會將你綑綁在過去，使你無法往前邁進未來，也無法享受當下。

如果你覺得你的生活與時間運用並不平衡，檢視你把時間和能量用在什麼事情上，看看能如何減輕負擔。這樣做可能會引發一些恐懼，因為你會抗拒放下那些看似能幫你實現目標的做法。然而，你必須找到方法，減少花在這些事情上的時間，譬如交給別人處理或者乾脆排除那些事務。

通常生活上的失衡是因為缺乏自我照顧，沒有把娛樂與休息看得跟工作一樣重要。當工作與收入變成了生活的主要目標，到最後你會發現，你對於疏忽自己會感到不滿，你會疲倦、易怒、不滿意自己的生活。你必須關心自己身心靈的健康，照顧身心靈的需要非常重要，就像你照顧別人和你的工作一樣。

輕鬆有創意的活動也很重要。沒有這樣的活動，你可能會漸漸精神不好、對生活容易感到失望。你的心靈需要安靜的休息時間，需要滋養和創造性的表達。創造性的表達不必多偉大，就算是小嗜好都很好。

如果你發現自己花太多時間在責任、義務、工作和照顧別人，花在自己身上的時間卻不成比例，那麼你可能需要問問自己這些問題：

1. 我要如何管理我的一天，才能在更短的時間裡完成更多的事？我有可能把一些責任整合或是把一部分工作交給別人嗎？
2. 我能夠每週至少留一天時間給自己和家人嗎？我能夠堅持在這天不工作，除非是緊急狀況？

3. 我可以每天睡前至少花幾分鐘寫下我的感受、渴望和意圖嗎？（這麼做可以吸引對你最有益的事物來到生命，也會分散你一些注意力，不花在擔憂上，因為過度工作的人往往有不少擔憂。）

4. 我可以找到方法在每天忙碌的行程中照顧自己嗎？抽空花兩分鐘冥想？中午散個步？打電話或傳簡訊給我愛的人，只因為這麼做會讓自己開心？連續幾小時坐在電腦前面時，記得經常伸展身體？

你也需要確定你在家庭生活和社交生活，還有你的心和腦之間能取得平衡。第一步就是先平靜地接受現況。對你忙碌的生活感恩，因為這表示你已成功讓別人欣賞你，你吸引了許多實現目標的機會，而且你也被別人需要。第二步是學習**拒絕**那些讓你感到沉重和已經變成負荷的機會。如果你已為自己安排獨處的時間，結果又有邀約，請務必重視你原本為自己做的安排，不要總是把別人的需要放在自己的需要之前。

學習拒絕那些會讓你超過負荷或無法引起你共鳴的機會和事物。為你的計劃和活動設定明確的時限，這可以使你在短時間內完成很多事。把那些不是非得你決定或掌控的事情交給別人。當有需要時，開口請他人協助。把照顧自己列為首務，每天都抽出時間照顧自己的需求。這些都是能幫助你達到更平衡、更有效率和更滿足的生活的方法。

8. 我們心愛的人的靈魂去了哪裡？他們為什麼非得離開我們？我們要如何得到平靜，不再哀傷，不再為失去他們而感到痛苦？

我們想說明清楚：死亡並不是離去，而是一種轉變。雖然你們心愛的人的肉體不在了，但無論你們的感受如何，他們都沒有拋棄你們。無論你們是否要接受這個真相，事實是，他們離開身體是因為**他們的時間到了**。死亡並沒有一個正確的方法、時間或規則，所有的死亡都是適當的、正確的，所有的死亡都發生在這個人應該死亡的時刻，而且已得到靈魂的同意。

這裡的挑戰是你們因為失去所愛的人而感受到的痛苦。你們渴望他們能再出現在你們努力奮鬥的生活裡，你們因為失去他們的痛而抱怨生命的不公，對上帝感到憤怒。覺得祂怎麼可以把他們從生活中帶走？他們的死亡也讓你們想到自己有限的生命。

正因為你們認為生命如此珍貴，你們覺得它的結束是個悲劇，你們認為突然的、過早的死亡很諷刺，就像是非常珍貴的事物被偷走，這是上帝對人類的終極欺騙。肉體生命確實是很寶貴的禮物，你們因此有機會享受和經驗所有的喜悅、痛苦與哀傷，提升並豐富靈魂。你們陶醉於地球的美麗、體驗感官的愉悅、體驗愛與被愛。然而，在地球的你們視野有限，你們不理解你們內在核心其實是靈魂，你們只是決定暫時棲息於肉身，最終，你們仍要回到你們的自然狀態。

要瞭解，你們在地球體驗的一切都是暫時的，這是刻意的設計。因為有不斷改變的機會才能確保你們有進步、學習、成長，以及發揮、實現創造力的最大可能性。隨著時間的進展，你們會體驗到如何療癒哀傷、痛苦和失去，並開創出新的生活方式。接受失去所愛並不容易，你因為他們不在而感到痛苦，但如果你能夠接受真相——你愛的人已經回到那個美好、充滿愛和恩典的神聖地方，回到了他們的自然狀態，他們從那裡還是看得到你，能夠和你的能量溝通並支持你的旅程——你可能發現你的哀傷減輕了。隨著時間過去，哀傷也不再那麼無時不在和難以承受。

我們會建議你們和死亡建立一個不一樣的關係，瞭解以往習得的觀點並不是真相。隨著你們理解在這個物質層面的一切都只是暫時存在，它們會隨浪潮起落，沒有任何有形的事物可以一直抓住不放，你們就會比較容易接受生命中流動的一切人、事、物。

每一個經驗、每一個人和每一個挑戰，都代表了神性表達和與神性連結的機會，尤其是所愛的人的過世。因為他們已褪去沉重的肉身，進入靈魂真實和神聖的本質，回到了他們原本的狀態。

靈魂和精神的能量是永恆的，愛的能量也是。生命經驗裡的輕蔑、傷害或衝突都不會被帶入靈魂的界域，這些經驗不屬於那裡。當靈魂脫離肉身，所有的身體疾病、痛楚、限制，以及一切苦痛、困惑、創傷，都將被卸下。你愛的人不會評斷你，也不會為他實體生命的遭遇感到憤怒或失望。他們只感受到愛，即使他們活著的時候從不曾表達這份愛。當受傷自我的負面情緒被卸下，剩下的，就只有愛。

我們會建議，當你們因失去所愛而哀傷，請花些時間想像他們轉化為能量靈體的自然狀態。你能看到他們自由、不受拘束嗎？他們因為跟所愛的人在靈魂世界重聚而喜悅不已。他們沒有了在地球人世所體驗到的任何身體、情緒和心智上的痛苦。你能夠感受到他們過渡到靈魂世界的喜悅嗎？知道他們不但得到平靜，而且體驗到你們在地球上從來無法體驗的狂喜？你能夠想像這樣的轉變之美嗎？

那裡充滿了愛的能量，神聖的生命開心地歡迎他們回家。這就是死亡的真相。所有人的死亡都是愉悅和充滿了光。如果在感到哀傷時，能把這個光放一點點在心裡，你們一定

會得到安慰。

你們所愛的人不需要你們以哀傷來悼念他們。他們希望看到你們快樂，繼續往前探險人生。緊抓著悲傷不放並不是紀念他們的方式。他們會希望你們記得和他們在一起的快樂時光，希望你們瞭解，他們到了靈魂世界的喜悅遠遠超過他們在地球層面所體驗過的任何喜悅。

因此你們無須終日哀傷而不去享受生命的豐富美好。這並不是說你們不會思念所愛的人，不會有段哀傷的日子，而是要瞭解，你們可以將哀傷昇華，你們可以專注在感恩的喜悅，感恩他們選擇與你分享他們的人生（無論時間長短），並感謝他們在世時與你共享的愛與快樂。

哀悼、悲傷、失落，這些情緒都會有，這是肉身經驗無法避免的一部分。但是你們有選擇，你們有的選擇是要如何處理這些情緒，要讓這些情緒如何形塑你們的人生，你們要如何透過這些感受更瞭解自己，如何透過和神聖意志及源頭能量的連結，繼續前行，重拾快樂的生活。

9.我要如何再與我的內在小孩接觸？他總是可以用喜悅的冒險、充滿驚喜和愛的角度體驗生活。身為成人，我要如何再度找回童心？

就如你的靈魂具有你存在的所有面向、所有生命、所有次元空間、所有個性與經驗，你的心靈驅動了此生的肉體生命，它涵括了你在這次人世的所有年紀、所有經驗和所有演化的階段。因此，你的內在孩童此時還是非常完好地在你內心，只是你因為要履行責任，要成為負責的成人，表現成熟穩重的個性，而把它推到一邊去了。

我們非常希望你每天都能與你的內在小孩溝通。

我們會受到孩童能量的吸引，因為他們四周的能量純粹且明亮。他們被好奇和驚訝所驅動，他們想要體驗喜悅和連結。他們很少會沈溺於過去或擔心未來，他們能夠敏銳的專注於當下，進行創造性的玩耍。對他們而言，在遊戲的當下，四周一切好似都消失了。他們的身心靈各面向都完全投入在這個和諧的自我表達。源頭能量就是在這樣的時刻透過我們發聲，透過我們展現創造性的行為。這個展現創造力的方式可以是用蠟筆畫畫，或製作偉大的藝術品，可以是組合玩具，或是建造吊橋，也可以是玩辦家家酒或辦一場幾千人的宴會。環繞在創造行動周遭的能量是源頭最精緻的神性表達，即使我們只是旁觀者，都會

受到感動。

玩耍似的創造行為對孩童非常自然，而這個孩子般的面向一直存在於你的心裡。我們鼓勵你經常探索自己的這個面向。你的內在有什麼樣的創作火花？曾經有什麼是你很喜歡，但為了更實際的層面而放棄的事？你是否曾經很愛畫畫，或雕塑，或玩音樂？你曾否花好幾個小時和玩具對話，或是在公園裡想像偉大的冒險？你是否曾經將你周遭的元素轉化為美麗的神奇地景或是神秘的生物？成年之後，你是否曾不知不覺地做起類似的白日夢，但因為覺得沒意義或浪費時間而停止呢？

不要搞錯了，創造的行為從來不會白費。在創作時，我們參與神聖，創造出一種能量的流動，讓我們體驗到自己才是生命經驗的主人，是源頭至高無上的創意能量的延伸。玩耍可以擴展你的能量場，創造極樂的喜悅。這個情緒和能量狀態，就是將你的生活轉化到更高面向的關鍵。它可以啟動大腦的功能，整合大腦運作的過程和心的召喚。這就是心靈的展現。它將物質的能量性質在現實世界具體化。永遠不要低估這個力量，因為就是它協助了你創造出今天的你。

我們會建議你們，生活中要有更多的玩耍時間。任何的創作行為都是一種玩耍，無論是藝術、文學、語言、烹飪、建造、肢體或心智的活動。被動的娛樂，例如聽音樂或看電視，可以讓你休息，但是像創作自己的音樂或故事則是積極的活動，在這樣的活動中，你那個具創意的面向才是真正參與了創造。你要多創作些東西，無論你覺得自己做得好不好。創作，但不要批判，只為了創作的喜悅而創作。持續地做，直到你發展出創造的熱情，然後轉化為創造自我生命、創造喜悅和創造愛的熱情。創造些東西，直到你明白這才是你，你為什麼會來到這裡——你是來運用你的自由意志和你的神聖火花創造、選擇、形塑你的生命。你是創造者，是宇宙所有創造能量的延伸。你要拿這個至高的力量做什麼？

我們會強烈建議你們找出從這個力量得到樂趣的方式。當你覺得好玩，當你享受其中的樂趣時，你的內在小孩便會出現，而你將會驚嘆這個人生所能帶給你的一切美好。

10. 我要如何得知真相？我們四周有那麼多不真實，我要怎麼知道什麼是真正的真相？

正如你的內在小孩，所有的知識、智慧和真相也存在於你的內心。你內在的核心是源頭，是宇宙智慧，是所有知識的直接延伸。雖然你無法總是看到這些智慧，但它就在你心裡。你可以取得並讓它在你的生命道路上協助和引導你。

你可能曾經在生命中看過某個孩子有智者般的智慧。孩子在外表上看似需要成人的指導，但他有時可能會讓你驚訝，因為他對生命的高度智慧或所說的某些引發你共鳴的真相，使你對自己或自己的生活有了不同的看法。在那個時刻，這個孩子沒有經過後天所習得的信念和自我保護的小我過濾，他因此連結上那個內在智慧，那個無限的知識源頭。透過心靈開放的孩童管道，你們可以獲得許多智慧。

因此，你們不難明白，隨著成長，你們累積了很多錯誤信念，而小我的諸多牽絆也阻礙了你們內在與神聖智慧和真理的連結。你們在這個自由流動的能量連結上放置了很多障礙，然後覺得奇怪，為什麼這麼難理解你們的人生。你們所認為實際又聰明的思考，在這世上當然有它的價值，但在連結靈魂道路和滿足你們所設定的生命軌道上，它卻往往不是你們的最佳指導。

請明瞭，當你們每次為自己找到無法實現夢想，無法追隨心的召喚的理由時，你們都是在阻擋那個內在智慧。每次你們批判自己不值得或不夠好的時候，你們都是在築起更多高牆，阻隔你們的能量與真理連結。每次你想依靠別人，或自己的成就，或物質財富來讓自己快樂時，你就是在忽視你所知道的真相：**你想在外在世界體驗到什麼，先要在自己的內心創造**。每當你發現自己陷入心智和實際面的思考時，你就知道你忽略了能量面向，而能量才是你們通往真理和智慧的直接途徑。

因此，你們必須找到方法，拓展思考，去探究未知的領域，擴展你們的焦點，超越五感能夠感知的範圍。你們要能感覺到自己的能量和情緒的表達，就像你們感知肉體一樣真實。你們要透過感恩、透過喜悅，以及靈魂的愛的本質來體驗這個能量。一旦你們打破既有思維模式的高牆，你們所體驗到的自由將會帶領你們知道你們的身分，以及你們為何在此的真相。

換言之，不要再那麼努力嘗試要用大腦理解這一切。你們的大腦不是為此而設計，它原本就無法理解這一切。它是讓你們理解實體經驗的處理器；不是設計來理解生命／存在的非實體本質。因為大腦原本就是實體的。它雖然是你們的存在裡非常神奇和驚人的部分，但它還是受到它實體本質的限制，也因此，如果你只仰賴大腦來引導和告知你資訊的話，你的經驗將受到它的侷限。

在你們具有思考能力的大腦之外，你們還有生命的能量本質。這麼想吧：你們並不會用電線的實體性質來定義電線的意義，因為流經電線的電力才是電線的真正本質。如果沒有通過線路的那個能量，電線也只是佔據空間的實體物質，但有了那個能量，它就成為光線、動態和創意行為的管道。你們的大腦和身體就像那個電線，雖然它們本身都是奇妙的創造，但定義它們的卻是流經它們的能量。

因此，如果你們只以已經學到的、可以看見的、可以輕鬆體驗到的一切來理解實相的本質和存在的真相，你們就忽略了你們無法輕易理解，或是無法以邏輯來解釋的另一個領域。接受這個事實：由於實體大腦的限制，永遠都會有一些事情是你們無法理解的，但是你們可以感覺到與那些真相的共鳴。

有時候，你們會有受到啟發的直覺，雖然違背了科學思考的邏輯，但它們帶給你們無法單靠大腦得到的恩典與智慧。你們在人生中曾多次體會過這些洞見與直覺，你們也可能已經找到方法以邏輯角度來解釋這些經驗，好讓自己感到自在。事實上，就是在那些無法解釋的時刻，你們與你們真實身分的神性能量面向真正連結了。

這是為什麼進行冥想和其他形式的正念（mindfulness，譯注：以開放的心專注於察覺當下）能這麼有效地協助你們體驗那個能量連結。當你們專注於當下，當你們把思緒從過去與未來收回，當你們提升頻率，你們會發現這個清明的通道一直對你們開放。一旦清除了通道上的障礙，你們會發現自己更容易接通這個能在人生道路上協助、指導和撫慰你們的能量。

無論如何，這不表示練習正念的人永遠不會遇到阻礙，不會陷入困境或猶豫不決，因為正是在這樣的境遇中，你們行使你們的神聖意志做出選擇。如果你們只是基於可以看到和理解的事而做選擇，那麼它們可能無法帶領你們到達你們想成為的狀態。但這也不是錯誤，因為它也會是朝向進化狀態旅程中的一部分。然而，當你們發現自己在人生道路正處在無法與內在真相共鳴的時候，你們必須要探討自己為什麼會在現在的這個狀態，你們在這一路上忽視了什麼內在訊息才會如此。

你們都經常會收到直覺的資訊。這些資訊給你們與真相共鳴的感覺。你們會覺得某個人不是像外表那樣，或某個情況不是表面看起來的樣子。無論大腦告訴你們什麼，你們都會感受到連結的能量是否有益。你們會感應到需要避免某件事，或某件事在召喚你們，而這些感覺並非基於邏輯的思考。你們是透過靜默接收到這些感受和感應，在靜默中，你們更能與靈魂智慧的內在真相連結，在靜默中，你們能讓邏輯思考安靜下來。邏輯思考並不總是對你們有益，它可能會使你們偏離內在真相。

你們對於更先進的文明會提出哪十個問題？然後請回答這些問題，就好像我們也對你們提出了這十個問題一樣。

我們想先指出，不論是在個人、社會，還是文明層面，都有許多不同的進展階段。因

此當有人說到「更」先進的文明時，我們會思考是哪類進展使得那個文明相對而言更高階更優秀。是科技進展嗎？還是他們的社會生活？對環境的照顧？慈悲的司法？心智能力？靈性覺察？或是包含這一切？

我們遇過很多文明在上述各方面都有各種層級的進展，我們不認為這些文明跟我們或你們的文明相比就一定比較高等或低等。他們只是在演化上的進展不同而已。每個物種的演化都會不同。

不過，我們可以推測，你們說的較高等的進展包括了以上提到的各個方面，因此我們會基於這點來思考。

1.你們有覺得為了科學、科技和智性上的進步而犧牲了什麼嗎？你們覺得有因此失去什麼，或是與社會其他形式的事物脫節嗎？例如和大自然環境的連結，與儀式、靈性發展、家庭生活或是娛樂休閒？如果你們在這些方面有所犧牲，那麼你們在其他方面的進步值得這樣的犧牲嗎？

科學的進展在我們的文明曾經比其他方面更重要、更被尊敬。我們因此疏忽了與彼此的關係、疏忽了愛、慈悲和自我尊重這些較精神的面向。我們太過專注在尋找我們覺得牢固的現實，我們以為透過受限的身體感官的體驗便是真相，直到我們看到我們的行為對星球和星球上所有生物所造成的後果，也直到我們採取更寬廣的科學觀點，包括實相的靈性面之後，我們才開始轉變回更有同情心、更覺察和有意識的物種。

我們因此深信，那些只是基於「可證」性而成立的實相觀點，雖然有時是必要和有益，但這種狹隘觀點卻否定了很大一部分的實相，而這個實相超越了感官的侷限與理論，探索的是靈魂本質和意識能量的真相。

2. 你們的科學界曾經將精神／靈性範疇的研究整合到科學研究嗎？如果有的話，研究結果如何改變了你們的社會？你們的社會有抗拒這樣的研究嗎？你們是如何克服的？這些研究如何影響你們一般人的信念？

這個問題的答案，有一部分前面已經提到。我們的星球有很多人抗拒這個新實相的概念，尤其是一生致力於科學研究和理論的人。這些人覺得自己的工作被否定，他們的自我認同受到威脅，因此在這個階段有許多人需要調整自我。是直到大家瞭解到這樣的整合事實上是他們工作的延伸，並不是否定之後，人們才打開心胸接納，而不同的理論也開始相繼出現。

你們的文明現在也正在經歷這樣的過程。在過程中，總是會有些人覺得受到改變的威脅，他們會盡一切力量來否定和抗拒改變，尤其是當他們所認知的現實遭到挑戰時。在這個時候，你們需要展現帶著悲憫和溫柔的堅定，因為強迫只會引起更強烈的反抗。

無論新領域的研究為我們帶來了多少進展，我們一直有一小群人仍堅決地緊守著一些舊信念不放。這些小團體大多與一般大眾隔絕而獨立居住。隨著時間過去，他們的人數也越來越少。

3. 你們如何評價別人的工作價值？在已經高度進化的社會裡，仍然有被認為卑下或勞力的工作嗎？還是自動化系統已經取代了人力？你們如何運用時間，如何在生活中找到自己的價值和目標？

我們的架構主要是基於交換的制度，這個制度讓每個人的時間、能量和專業都能透過服務或物品的交換而得到同等能量的報償。

在能量交換的形式裡，我們會考量這份工作所用到的時間、技巧和實體的材料。譬如說，如果有一樣東西需要修理，我們會考量所花的時間、材料和技術。如果修理者是這類工作的專家，工作的價值會與他的技術相符。如果修理者是實習生或新手，我們對工作的品質期待就會比較低，價值也就會較低。因此，可以說我們是以時間、技術和工作品質來衡量公平的能量交換，而工匠也能預期交換到的物品會等值於他付出的時間、專業和品質。

當然，價值是很主觀的。當一個人需要某件物品時，那件物品的價值對那個人就會增加。因此也有可能有時雙方所互換的時間、技巧和品質的等級並不相等，但由於參與的雙方同意，因此就不存在價值不相等的問題。舉例來說，工匠修理某樣東西需要花上一整天，而且用掉很多材料，但他可能願意交換所需時間不那麼久、材料也不那麼多的備餐服務。因為他無法自己來做，而且他重視這件事，他覺得這樣的交換是公平的。因此，「同等的能量」不一定總是看來合理的交換，而是取決於參與者所認為的服務或物品的價值。

以這個角度來看的話，這很類似金錢制度裡，人們重視某些事物是因為對那樣東西的渴望，而跟時間、技術和品質無關。我們的社會由於沒有了金錢的介入，物品的價值只要雙方同意就好，不用外界決定。

隨著這個制度的演進，我們對於時間、能量和才華必須對等交換的做法也越來越寬鬆，越來越不那麼僵硬。我們發現，淘汰貨幣交易後，以前報酬很少的工作者能更被看重，他們的技術在不受到金錢所給予的象徵價值的判定後，也有了更好的回報。也因此，在那些付出心力使社會更好的人們當中，不論是享有特權還是貧窮的情形都減少了，取而代之的是公平性。那些無法以具體方式貢獻社會的人找到別的方式服務，而無法參與貢獻的人則會受到照顧，不被輕視或可憐。這類的交易型態創造了許多我們不曾預見的益處，這在我們的星球被視為最驚人的改變之一。

4.你們現在還在為什麼事情努力嗎？你們的偉人在思索什麼問題？你們已經懂得自我照顧和愛自己了嗎？你們如何在社會結構裡表現你們的個體性？

我們曾經談到我們現在面對的問題，但我們想強調的是，在一個實體世界的社會和人與人之間，一直都會遇到困境、問題和衝突。原因不是我們無法處理，或我們在追求更好和更高意識的時候，沒有採取正確行動，而是因為轉世肉身**就是會**面對這些問題。

在我們努力解決的過程當中，我們找到意義。從錯誤中，我們收穫到學習的禮物和啟發。你們要瞭解，努力追求完美並沒有必要，因為在尋找解決辦法的過程中，總會有所獲得。以我們來說，我們認知到所有生命都是一體，我們也更有人性、更慈悲、更能平等對待和肯定每個個體。因此，我們不再把問題或困境看作失敗，而是當作讓我們在新領域成長與學習的機會。

5. 愛與夥伴關係在你們的社會扮演什麼角色？你們仍然認為家庭的架構是為個體提供穩定和支持的最好方式，還是有其他更好的架構？

就如已經討論的，我們的社會還是有家庭結構，雖然我們也看到你們正逐漸擴展對家庭的定義，將它包括以前你們聞所未聞的家庭形式，但我們對家庭的定義還是比你們的更廣泛。在我們的星球，我們允許雙親家庭或一夫一妻制以外的結構，因此有些家庭裡的成員往往不僅限於血親。也有些人適合不同形式的居住方式，有的比較喜歡獨居或比較喜歡小家庭，我們都接納並尊重所有的生活方式。小孩通常是被較大的社群以及他們各自的父母親照顧。我們因為生殖系統和你們不同，並不那麼強調共居，但如果有人喜歡，也可以這麼選擇。最重要的是，每個人的選擇會得到支持與尊重，而且獨居並需要幫助的人也會

受到照顧。

6. 你們對未來的世代有什麼期望？你們希望孩子的熱情、目標和重心放在哪個領域？這樣的期望會有哪些障礙？

我們對未來世代將會專注在自我表達，滿足他們內心最深處的熱情與渴望相當樂觀。我們朝這種生活形態已經努力了很久，尤其是在取消了金錢交易之後。然而，有時社會對於哪種工作比較有用和實際，哪些工作較為瑣碎和沒有必要還是會有批評。也因此，如果那些較有創意的人沒有直接提供有助他人健康、幸福和進步的物品或服務，有時候會有些人認為他們並沒有真正對社會做出貢獻。雖然我們很多人明白創造力對美好社會的必要和重要性，但有些人較重實際的心態，還是不免會傷害到那些選擇較具創意工作的人的自信。我們會持續努力朝向更開放的社會發展，更鼓勵各類的藝術創作，並持續激勵有天賦的人找到方式去表現和運用他們的才華，提供給想要體驗（他們藝術天賦）的人。

7. 你們如何解決領導者或社區之間的衝突？你們是如何克服暴力與戰爭的問題？這種攻擊性還存在於你們的社會嗎？

我們已經在這方面有很大的進步，但我們也瞭解暴力和攻擊性是肉身經驗的一部分，永遠都會有人無法控制這些傾向或類似的衝動。我們的社會因此還是偶爾會有零星的暴力事件，通常是來自有著心理困擾或在某方面委屈自己的人。隨著我們在心理學的進步，我們持續協助那些有攻擊本性的人以非暴力的方式表達需求，我們發現暴力事件因此越來越少。

我們的社會結構從不曾「國家化」過，我們從來都不覺得國家制度對我們的社會有幫助。我們有不同形態的社區，我們的星球有許多居住的地區，中間隔著大片的無人區域，我們從來不需要爭奪土地。這些不同社區在我們眼中就是同類人住在不同地方而已。我們從來沒有你們星球上的土地所有權、種族主義或極端的宗教主義。這並不是說我們一直生活得和諧與和平。在我們最困難的時期，曾有人因絕望而採取極端手段，就像你們的世界，貧窮與飢餓會讓人採取某些行動一樣。由於我們的體制已經改變，貧窮與飢餓不再存在，暴力犯罪也因此減少。在這方面，我們有很大的進步，但我們仍舊需要繼續努力，繼

續採取慈悲的作為。

8. 你們曾經實體旅行到其他星球嗎？比如地球？你們一直在研究別的生命形態嗎？如果是的話，有沒有什麼發現？

雖然我們相信我們這個物種是很久很久以前從一個即將死亡的星球移居到現在這個星球，但我們倒是不曾實體旅行到其他星球。我們的科學研究都是朝向解決和減輕我們星球上的問題，還有住民之間的問題。因此，我們向來認為時間和能量最好不要花在太空探索上。而當我們能夠掌握心靈力量，將它延伸到遼闊的太空後，我們更覺得沒必要花許多時間和能量進行實體的太空旅行，因此我們一直沒有專注於此，雖然我們很有興趣，而且對於曾經實體旅行到其他星球的物種也很好奇。

9. 你們怎麼讓自己開心？你們最普遍的休閒娛樂是什麼？你們有設計出讓大家更能自我探索、自我提升和休閒的制度嗎？如果有的話，現在最受你們人民歡迎的是什麼？

由於我們的制度已經讓大家不再那麼需要累積財富，人們因此擁有更多的休閒時間。我們發現休閒活動可以豐富生活，讓人放鬆。我們的藝術領域擴展到包括許多不同形態的創作，譬如裝飾藝術，用色彩和光線表現的藝術，以及類似你們星球上典型的藝術創作。我們也有一種類似刺青，但不是像你們的刺青那麼永久性的身體藝術。我們有許多劇場表演，包括各種舞臺戲劇和音樂，還有涉及專注力和能量操控的多種心智活動。雖然有很多人參與這些活動，但還是有少數人背負著沒有對社會具體貢獻的汙名，就像我們之前提過的。無論如何，我們發現，當人們以創意的方式來表現自我時，他們往往會與他人發展出不同形態的個人互動，而這些互動也會影響他們服務社會的方式。

10. 你們已經根除所有疾病了嗎？如果還沒，你們覺得消除疾病的最大挑戰是什麼？你們在這方面的最大突破是什麼？

我們在這個領域已有很大進展，尤其是近期，自從沒有金錢交易之後。我們還沒能完全根除所有的疾病，有時也會出現新的或突變的疾病。我們相信，隨著宇宙能量不斷改變，很多不同類型的生命形式也會產生，包括在身體裡引起疾病的生物。我們雖然持續在健康、免疫和療癒上有很大的進展，但我們也認知到繼續研究與發展的必要。目前，我們正在研究一種寄生蟲，牠似乎從非侵入性的無害形態，演化成了會引發兒童認知功能和行為受損的疾病。我們已經花了很長的時間進行研究，現在非常接近預防和消除這種會致命的寄生物種的階段了。

你們對我們的十個問題會是什麼？

1. 你們知道在過去的兩、三百年，你們的意識演化已經進步多少了嗎？

我們覺得很了不起。當我們從觀察者的角度觀察你們的文化，我們看到巨大的改變；你們越來越慈悲，越來越尊重所有的生命。在對待兒童與長者、處理勞工、種族、醫療保健、許多地區所進行的消除貧窮計劃、對保護環境的努力、教導心靈提升、鼓勵另類生活方式和自我表達，以及正確飲食的覺知等等方面，你們都有大幅進展。你們對宇宙和你們在宇宙的角色也抱持開放的好奇心態。雖然這些方面還需要持續的進步，但你們在相當短的時間裡就已經有顯著的改變。這不就證明了你們有改變的能力，而且有能力主導你們未來的道路嗎？

2. 你瞭解你們在外在世界所尋求的一切都已存在你們內心嗎？

你們瞭解這個概念的重大意涵嗎？無論你們目前面對的問題是什麼，癥結就在這句話

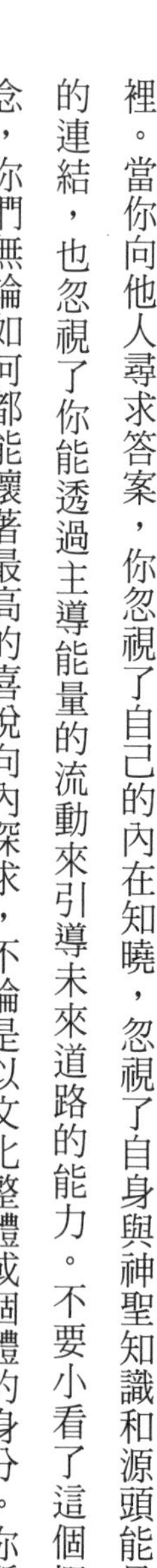

裡。當你向他人尋求答案，你忽視了自己的內在知曉，忽視了自身與神聖知識和源頭能量的連結，也忽視了你能透過主導能量的流動來引導未來道路的能力。不要小看了這個概念，你們無論如何都能懷著最高的喜悅向內探求，不論是以文化整體或個體的身分。你所尋找的答案就在你心裡。只要開啟你的能量潛能，你就能找到生活的極大喜悅。

3. 你們是否願意放下你們「只是有限的肉身，為了成功或得到獎勵，必須努力在既定的道路上達到某些規定的成就」的信念？

你們準備好要放下一直被灌輸和教導的想法，去選擇那些與你們內心共鳴，更能將這次的人世經驗與靈魂的更高面向緊密相連的信念嗎？有許多人覺得自己還沒準備好要放下根基於肉身、根基於平凡日常，以及他們的祖先制定的那條可預測的道路，他們認為那就是真理。我們在書裡一直對你們提議的，就是由你們來決定與內心共鳴的新真理。當你們觀察地球過去的軌跡，就能明白新的真理會創造出更好的制度。隨著你們繼續提升對生命的覺知，了解人生的珍貴，你們將更明白你們在宇宙偉大計劃裡的角色。

4. 你們今天聽鳥鳴了嗎？

感受風輕撫你的臉頰？握著一雙溫暖的手？或是感受腳下清涼的草地？你們能夠每天都覺察到這些簡單的愉悅嗎？就是這些看似微小的欣賞與感謝會慢慢改變你們的意識，而這樣的改變正是使全球意識朝向更覺知、更慈悲，與所有能量都更為連結所必需的。

5. 你們為何如此抗拒改變？

安全和持續的假相為什麼會讓你們在目前的現實中感到安定？

我們建議你們好好觀察自然世界的一切，它們一直在不斷的變化當中。你們也是這個自然環境的一部分，因此你們的能量狀態也會不斷改變，這是存在無可避免的事。我們強烈建議你們接受並享受自己生命的過程，就如你們在大自然世界所看到的一切變化一樣。

6. 你們要怎樣才會愛自己呢？

你想要完美嗎？如果是的話，那麼你永遠會在追求一個完全由「自我」創造出的幻想。自我是你的個體性的所在，你的自我會要你持續主張你的個體性／個人特色。這個「你自己」的感覺對於你在世界的運作很重要。然而，它所創造的分離幻相會使其他無法達到的幻相與想法持續，因而導致頻繁的匱乏與失望的狀態。愛自己會讓你們擁有健康的自我，包括身體、心智、心靈等各方面的平衡；愛自己會使你們和一切造物及身邊所有生命進入平衡的狀態。在這樣的平衡裡，有著存在的喜悅、力量和決心，無論挑戰多艱困，你們都能夠克服並從中學習。因此，我們要再問一次，要怎樣你們才會愛自己呢？

7. 你們如何決定你們的真理？

那是最符合你們所受的教導或養育方式嗎？那是你們的政黨？社會階層？朋友圈？還是老師規定你們的？

你們沿襲了別人的信念，把它當成自己的，只因你們抗拒負起為自己尋找真相的責任嗎？即使別人的真相或真理無法和你的內在共鳴，你仍然配合或靠攏某個團體，只因為你不想感到孤單？為了不覺得自己怪異或跟別人不一樣，於是你隨俗從眾？

現在是新真理誕生的時候了，就像宇宙裡新星辰的誕生，每個星球都有它自己的化學組成和光芒。不要讓你的光芒被基於恐懼的傳統所淹沒了。在這個最富養分、最有創造力的時代，你們每個人的內在都有成為開拓者和領導者的潛能。

你要如何榮耀這份禮物？

8. 當你親切和善，慈悲待人時，你的感覺如何？

當你的心的能量與另一個人的心的能量連結時，能量交換是什麼情形？那個接受你的愛和關懷的對方，眼中所出現的光芒究竟是什麼？你能以文字充份形容嗎？那些最難以文字或言語形容的感受，也就是你們最需要經常體驗的事，以便從中得到最大益處。我們認為你們越是啟動慈悲和善良的能量，就越能影響其他生命，進而創造出朝向你們想像的那個美好世界流動的能量。

9.你認為什麼是美？這些標準從何而來？

你相信你天生就有對美的標準，這個標準讓你被某些元素吸引並排斥其他元素嗎？如果是這樣的話，為什麼孩童對文化所認定的美並沒有天生的感受？

如果你沒有完美對稱的臉蛋，或苗條的身材，或平滑的皮膚，或其他文化渴望的美麗特質，你的孩子會排斥你嗎？如果你行事不符社會主流，你的寵物就會不理你嗎？

我們希望你們了解，你們已經把文化的標準整合到你們對美的認知，並且把這些標準當成你們個人的真理了。現在是不是到了該擴展和突破這個觀點的時候了呢？

10.你小時候喜歡玩泥巴嗎？

你感受過手裡握著濕濕的泥土、沙子或黏土的愉悅嗎？你曾陶醉在發現事物的樂趣裡嗎？小時候的你喜歡發現藏在泥土深處的小生物？樹根？或小石頭嗎？發現它們就像發現了寶藏一樣？

這些，就是你身為肉身的任務：繼續挖掘，繼續發現隱藏在你內在、隱藏在生命經驗、隱藏在關係裡的喜悅和寶物。帶著驚嘆、驚奇和孩童般的好奇探索這一切，即使發掘出來的不合你意，不是你想要的，這也很好，因為在發現的過程中，你可以放下它們，它們也自由了。

再見了，弗蘭克，直到我們開始寫下一本書時再見。我深深感謝你們和翠西提供了這麼豐富的資訊。

我們為這個連結和機會感到謙卑及感恩，我們謝謝你分享的能量、熱情與智慧。我們懷著深深的敬意對你們說這些話。請明白，我們的動機是想提供關愛的引導，帶給你們更寬廣的視野。我們不僅從類似你們此刻面對的挑戰中存活了，而且找到方法茁壯並超越身體、心智的限制和自我受限的觀點。

你們選擇了此刻投生於地球，參與這個最精彩的時代——一個充滿挑戰，卻也充滿驚人的韌性、多元性、偉大的愛與慈悲，以及渴望改變和進化的時代。驚人的勇氣與意志力

促使了你們選擇這次的轉世。我們希望你們能在自己心裡找到並感受到一如源頭的內在光芒、神聖意志和創造的力量。

我們最大的願望就是你們好好體驗這次肉身的豐富經歷，體驗它的所有喜悅與哀傷，並且慶祝這一切，因為在宇宙以肉身存在並體驗它的奇妙是個偉大的奇蹟。你們靈魂的火花永遠不會黯淡。事實上，透過你們所有的肉身轉世和不同界域的經歷，你們的火光會越來越明亮。這個火花裡有著所有生命的火花，所有生命的形式(包括我們)，而這個火花，這個光，最終連結到賦予我們和一切生命的**源頭**的愛與力量。我們祝福你們在這趟偉大的探險之旅感受到所有的愛。我們感謝你們願意讓我們分享我們的意識領域。

我們傳送滿滿的祝福給你們的星球。我們是你們遠方的僕人。

園丁後記

看完這本書，你心裡對如何打造一個更好的地球，或者，更實際點，一個符合你理想的生活環境，一個文明的社會和國家有沒有什麼想法？或是，有什麼感觸？

如果有，先不要認為不可能實現。沒有什麼不可能的事，只是一切事情都有方法和步驟。而在三次元的地球，需要時間，需要足夠的意圖和動能，也就是需要足夠的意願和行動，讓改變發生。

就如八年前《別鬧了地球人》的其中一篇：

「這個世界的問題從不在於我們不知道要怎麼做或做些什麼，而是我們願不願意去

做。

人類的困境，小至平民百姓的基本生活保障，大至地球暖化的危機，都不是無解的題目。

辦法一直都在那兒，只是地球上每個國家的掌權者想不想那樣做，行不行動的問題。

大家願不願意將地球上所有種族／國家當成一個整體來思考？願不願意拋棄以物質取向的勝者為王心態，重新規劃一套新的，以心靈，以合作，以互助為主要精神，能夠照顧到所有人類生活需求及靈性發展的遊戲規則？

人類的問題或許看來複雜，答案其實很簡單；解題不難，難是難在如何超越私心和小我。然而，這不就是大家來到地球的目的之一？」

真的，要打造一個公平、正義、慈悲、善良的人性化社會或國家或星球，真的真的沒有那麼難，只是有些貪婪又不公義的掌權者，不願放棄既得利益和權力，他們會以各種欺騙的方式愚民和洗腦群眾，製造分裂、模糊焦點並推卸責任，為的是鞏固他們自身的利益。

然而，在一個多數國家都已能自由選舉的今日地球，為什麼人民會選出擅長說謊和包裝的政客，為什麼會不明究理，那麼容易被表象矇騙？最主要的，應該還是在於人們的辨識力和獨立思考的能力不足。在資訊爆炸的今天，多數人大都是被動式地接收許多被刻意扭曲和大量散播的不實資訊，有心人士以斷章取義的片面文字成功挑起了部份善良民眾反射性的是非判斷，造成對特定人與事件的誤解及成見，也有些是原本就潛藏在某些人內心的歧視與仇恨，得到有權者的鼓勵煽動，於是集體霸凌不同意見者的現象，在二十一世紀網路時代的地球屢見不鮮。

地球自川普上任美國總統後，進入一個無人能置身於外，壁壘分明的黑暗與光明的二元戰場。川普的得勢也帶動其他國家類似能量的崛起，譬如巴西。川普扮演的角色就像催化劑，催化每個人思考對惡的容許度，他這近四年來的表現也無疑使他成了最便捷正確的無人性試紙，尤其這幾個月來他處理新冠病毒的方式，漠視專業預警、罔顧人命……上任不到幾年，他已使美國向來自豪的多元包容的民主和濟弱扶傾的人道精神蒙羞。

不少人很驚訝黑暗的擴散竟可以如此快速。其實黑暗深知遮蔽光的最好方法就是操弄恐懼、挑起對立，以謊言洗腦民眾，製造敵人、凝聚仇外意識、為卸責尋找代罪羔羊、閃躲問題模糊焦點……放眼人類歷史，暗黑勢力的手法向來如此。

反觀台灣，這些年經濟、媒體道德和操守、人文素養和教育的退步也很難不讓人感慨。事實上，十年前也就可以看到台灣整體的靈性意識是在倒退的趨勢。雖然宗教和身心靈「產業」看似蓬勃發展，但那完全不等於靈性的提升；就如廣設大學完全不等於人民素質就會自動變高是一樣的道理。

我相信，許多人都知道台灣的媒體和教育出了很大的問題，它直接影響到下一代的思辨能力，以及國家的發展。十多年前的執政者沒有善用人民賦予的權力將被刻意植入的分離和對立意識從教育中去除，今日的台灣正是在承受偏狹和仇恨種子發芽成長的惡果；被扭曲的歷史，被漠視的禮義廉恥。（或許義還是有，但是只對同路人，不過那也就不是義了，是包庇。）譁眾取寵的媒體和信口開河的名嘴，近年來更是成了挑撥、製造對立和散播不實資訊的要角。

我注意到，有些人不喜歡／不想看到宇宙花園講政治、講是非善惡、講選擇……而我發現對此有意見的人幾乎都是因為宇宙花園的看法跟他們不一樣。曾有人因此說心靈與政治無關。怎麼會無關呢？心靈與每一件事都有關。政治也絕對影響人類的生活與地球環保及和平。（否認溫室效應和氣候變遷的川普不就退出了旨在遏阻全球暖化趨勢的巴黎協定？）

不少人也誤以為「區別善惡是非」就是「分別心」。事實上，區別是一**種辨識力**，它不會影響寬容和慈悲心。當大家有辨識力而無分別心，能夠懷著善念和對全體的愛做出選擇時，這才是在邁向身心靈圈喜歡說的合一。

順道一提，身心靈圈裡有些人喜歡用「一切是幻相」來表示自己的超然，來合理化自己面對不公義時的冷漠。「一切是幻相」，這又是另一個迷思。如果現在在地球上演的越來越極端的人性善惡戲碼仍無法打動你，無法喚醒你來此的意義或該採取的行動，那要如何才會讓你覺醒呢？

我們現在意識焦點所專注的地方就是這個**三次元的地球**，而地球正是二元世界的體驗

場。既然身在三次元，就好好面對這個實相的現實狀況，不要再用什麼「一切是幻相」、「你看到的是你內心的投射」這些虛幻的詞語來躲避這個實體世界呈現的課題。我們在此，除了每個人的個別課題，也有個共同目的，就是要從二元中做出能夠幫助靈魂提升的選擇。要以辨識力從「二元」屬性（是非、善惡、光明黑暗、正面負面）的答案中，做出能夠促進愛和發揚善的選擇。（至於來之前就已選擇要體驗惡、要作惡的不在此討論範圍。那是另一個主題了。）

如果不做任何選擇，或覺得不用選擇，那當然也是每個人的自由意志和權利，只是就可惜了這次難得的肉身機會。想想，會在地球能量轉變之際來到這裡，為的難道是不做選擇？

說起來，不做選擇其實也是做了選擇，因為當你不做選擇，愛與善就少了你的那份寶貴力量。而當貪婪、恐懼、偏見、仇恨和歧視佔了上風，選擇了這些負面屬性的人類只會更無法脫離三次元的地球迴圈。

是的，從更高的角度看，沒有什麼選擇是錯的，因為都是體驗。然而不要忘了，能量總是要平衡的，不論是個人還是整體。

在集體頻率還未提升和穩定前，這個世界還會繼續動盪。無論如何，無需害怕。也不要認為你力量有限，能做得不多。不，你是強大的，每個人都是有力量的。你以為的每個小小選擇，不單影響自己，也在影響整體的頻率。當你選擇不人云亦云、選擇不看偏頗的懶人包和帶風向的標題，選擇多花幾分鐘查證完整事實、多看國際和各方資訊，當你選擇不隨偏見仇視起舞、不被貪婪擺佈，不讓恨蒙蔽良知、選擇不雙重標準……你就是在為這個地球增添愛和善意，你就是在展現你內在的神性之光。記得，保持平靜、保持樂觀、勇於發聲、說真相、傳播正面訊息。

「勿以惡小而為之，勿以善小而不為。」好一句至理名言。共勉之！

——園丁

MACS J0416.1-2403　布拉荷西卡星系團
Credits: NASA, ESA and J. Lotz (STScI) and the HFF team

宇宙花園　先驅意識 13

外太空來的愛—與 36 億光年外的布拉荷西卡星人對話

FROM DEEP SPACE WITH LOVE — a conversation about consciousness, the universe, and building a better world

作者：麥克・杜利 (Mike Dooley)、翠西・法夸爾 (Tracy Farquhar)

譯者：張志華、丁凡

出版：宇宙花園

通訊地址：北市安和路 1 段 11 號 4 樓

e-mail：gardener@cosmicgarden.com.tw

編輯：宇宙花園　內頁版型：黃雅藍

封面設計：高鍾琪

印刷：鴻霖印刷傳媒股份有限公司

總經銷：聯合發行股份有限公司　電話：(02)2917-8022

初版：2020 年 5 月　　定價：NT$ 390 元

ISBN：978-986-97340-3-5

FROM DEEP SPACE WITH LOVE

國家圖書館出版品預行編目（CIP）資料

外太空來的愛：與 36 億光年外的布拉荷西卡星人對話 / 麥克・杜利（Mike Dooley）, 翠西・法夸爾（Tracy Farquhar）合著；張志華譯 . -- 初版 . -- 臺北市：宇宙花園 , 2020.05　面；　公分 . --（先驅意識；13）

譯自：From deep space with love : a conversation about consciousness, the universe, and building a better world

ISBN 978-986-97340-3-5（平裝）

1. 超心理學　2. 通靈術　3. 靈修

175.9　　109006394